Deutsche Grammatik in Algorithmen

Johannes Zühlsdorff

Deutsche Grammatik in Algorithmen

Grund- und Mittelstufe
mit
Aufgaben, Tests und Lösungen

Vierte Seite

Bibliografische Information der Deutschen Nationalbibliothek:
Die Deutsche Nationalbibliothek verzeichnet diese Publikation in der Deutschen Nationalbibliografie; detaillierte bibliografische Daten sind im Internet über http://dnb. dnb. de abrufbar.

TWENTYSIX – Der Self-Publishing-Verlag
Eine Kooperation zwischen der Verlagsgruppe Random House und BoD – Books on Demand

© 2016 Johannes Zühlsdorff

Herstellung und Verlag:
BoD – Books on Demand, Norderstedt

ISBN: 9783740713805

Einführung

Diese Grammatik für erwachsene Lerner arbeitet mit Transformationsalgorithmen, die es dem Lerner ermöglichen, mit Hilfe eines Systems von endlichen Schritten selbstständig jede Struktur der deutschen Sprache zu erstellen. Im Gegensatz zu anderen Grammatiklehrbüchern werden hier keine Regeln aufgelistet, das Grundprinzip des selbstständigen Sprachaufbaus steht stets im Mittelpunkt. Dieses Lehrbuch ist deshalb auch für ein Selbststudium geeignet.

In diesem Grammatik-Lehrbuch werden die deutschen Sprachstrukturen in einer eigenen Systematik vorgestellt. Jeder Abschnitt ist eine abgeschlossene Unterrichtseinheit, die inhaltlich auf dem vorhergehenden Abschnitt aufbaut und jeweils mit einer Aufgabe beendet wird. Die Kenntnisse eines jeden Grammatik-Kapitels werden am Ende des Kapitels in einem zusammenfassenden Test überprüft.

Niveau A2

Der Autor Johannes Zühlsdorff hat bis zu seiner Pensionierung am ehemaligen Lehrgebiet „Deutsch als Fremdsprache" der RWTH Aachen unterrichtet.

Inhalt

Einführung...5

Das Verb: Der Infinitiv...15

Das Verb: Der Infinitiv mit Präfix.......................15

Das Verb: Der Infinitiv mit Verbzusatz...............16

Das Verb: Die Konjugation: Das Präsens............16

Varianten A der Präsensbildung..........................19

Varianten B der Präsensbildung..........................19

Algorithmus zur Bildung der Personalformen Präsens...22

Das Verb. Das Partizip I.......................................22

Das Verb: Der Imperativ......................................23

Test 01...24

Das Substantiv/ Das Artikelwort..........................25

Die Artikelwörter..26

Das Substantiv: Genus - Numerus.......................26

Das Substantiv: Die Deklination..........................27

Test 02...28

Das Verb: Die Konjugation: Das Präteritum........29

Das regelmäßige Präteritum.................................29

Varianten der regelmäßigen Präteritumbildung....30

Algorithmus zur Bildung der Personalformen des regelmäßigen Präteritums....................................31

Das unregelmäßige Präteritum............................31

Einzelvarianten des unregelmäßigen Präteritums 33

Algorithmus zur Bildung der Personalformen des unregelmäßigen Präteritums 33

Test 03 33

Der Satz: Das Subjekt – Das Objekt 35

Die Objekte 35

Die Pronomen: Die Personalpronomen 37

Die Pronomen: Die Reflexivpronomen 38

Test 04 38

Das Verb: Das Partizip II 39

Das Verb: Das regelmäßige Partizip II 40

Algorithmus zur Bildung des regelmäßigen Partizips II 41

Das unregelmäßige Partizip II 42

Algorithmus zur Bildung des unregelmäßigen Parti 43

Test 05 44

Das Verb: Die Konjugation: Das Perfekt und das Plusquamperfekt mit „haben" 44

Das Perfekt und das Plusquamperfekt mit „sein". 45

Das Perfekt und das Plusquamperfekt ohne Partizip II. 47

Merksätze zur Bildung von Perfekt/Plusquamperfekt 48

Futur I und Futur II 48

Test 06 49

Die Präpositionen 50

Fragewörter für Präpositionalobjekte mit Personen. 53

Fragewörter für Präpositionalobjekte mit Sachen. 54

Präpositionen mit Personalpronomen. 55

Test 07 56

Der Satz: Der Hauptsatz 57

Hauptsatzvarianten 58

Die Hauptsatzkonjunktionen 59

Merksätze zur Struktur der Hauptsätze 59

Test 08 60

Der Satz: Der Nebensatz 61

Temporale Nebensätze 62

Frage-Nebensätze 64

Merksätze zur Struktur der Nebensätze 65

Test 09 65

Transformation von Hauptsätzen mit einem Signalwort in Hauptsatz und Nebensatz 66

Transformation von Hauptsätzen mit dem Signalwort „deshalb/darum/deswegen" in einen Hauptsatz und einen Nebensatz mit „weil": Transformationsalgorithmus 67

Transformation von Hauptsätzen mit dem Signalwort „trotzdem/dennoch" in einen

Hauptsatz und einen Nebensatz mit „obwohl/obgleich/obschon/dennoch": Transformationsalgorithmus 68

Transformation von Hauptsätzen mit dem Signalwort „vorher" in einen Hauptsatz und einen Nebensatz mit „bevor": Transformationsalgorithmus. 69

Transformation von Hauptsätzen mit dem Signalwort „danach/dann/ darauf(hin)" in einen Hauptsatz und einen Nebensatz mit „nachdem": Transformationsalgorithmus. 70

Transformation von Hauptsätzen mit dem Signalwort „stattdessen" in einen Hauptsatz und einen Nebensatz mit „(an)statt dass": Transformationsalgorithmus. 72

Varianten der Transformation von Hauptsätzen mit einem Signalwort in einen Hauptsatz und einen Nebensatz 73

Transformation von Hauptsätzen mit dem Signalwort „ohne – kein/nicht" in einen Hauptsatz und einen Nebensatz mit „ohne dass": Transformationsalgorithmus. 73

Transformation von Hauptsätzen mit dem Signalwort „sollen, wollen" in einen Hauptsatz und einen Nebensatz mit „damit": Transformationsalgorithmus 75

Merksätze zur Transformation eines Hauptsatzes mit Signalwort in einen Nebensatz 76

Test 10 77

Transformation eines Nebensatzes in eine Infinitivstruktur. 78

Transformation eines Nebensatzes mit „(an)statt dass" in eine Infinitivstruktur: Transformationsalgorithmus. 78

Transformation eines Nebensatzes mit „ohne dass" in eine Infinitivstruktur: Transformationsalgorithmus 79

Transformation eines Nebensatzes mit „damit" in eine Infinitivstruktur: Transformationsalgorithmus 81

Übersicht über die Signalwörter und die semantisch äquivalenten Nebensatz –konjunktionen und Infinitivstrukturen 82

Test 11 82

Das attributive Adjektiv/Partizip I/Partizip II 84

Die Attributendungen bei Artikelwörtern der Gruppe 1 85

Die Attributendungen bei Artikelwörtern der Gruppe 2 86

Algorithmus zur Bildung von attributiven Adjektiven /Partizipien I/Partizipien II bei Substantiven mit Artikelwörtern. 87

Die Attributendungen bei Substantiven ohne Artikelwort 87

Übersicht über die Endungen der attributiven Adjektive/ Partizipien I und II. 88

Wortbildung: Bedeutungsbestimmung eines Adjektivs durch eine Endung. 89

Wortbildung: Bedeutungsverstärkung eines Adjektivs durch Wortzusammensetzung. 90

Das Adverb 90

Test 12 91

Der Nebensatz: Der Relativnebensatz 92

Algorithmus zur Transformation zweier Hauptsätze mit einem gemeinsamen Wort in einen Hauptsatz und einen Relativnebensatz 94

Algorithmus zur Transformation zweier Hauptsätze mit einem Präpositionalobjekt als gemeinsamem Wort in einen Hauptsatz und einen Relativnebensatz 95

Algorithmus zur Transformation zweier Hauptsätze mit einem Genitiv-Objekt als gemeinsamem Wort in einen Hauptsatz und einen Relativnebensatz ... 97

Algorithmus zur Transformation zweier Hauptsätze in einen Hauptsatz und einen Relativnebensatz ... 98

Test 13 99

Das Adjektiv: Die Steigerung 101

Der Komparativ 101

Der Superlativ 102

Algorithmus zur Bildung des Komparativs und des Superlativs von Adjektiven 103

Sätze mit „je – desto + Komparativ 104

Test 14 104

Das Verb: Das Passiv 106

Algorithmus zur Transformation von Aktivsätzen mit Akkusativobjekt ins Passiv 106

Algorithmus zur Transformation von Aktivsätzen ohne Akkusativobjekt ins Passiv. 108

Algorithmus zur Transformation von Aktivsätzen im Perfekt/Plusquamperfekt ins Passiv 110

Algorithmus zur Transformation von Aktivsätzen mit einer Personalform der Verben „dürfen, können, müssen, sollen + Infinitiv" ins Passiv ... 111

Algorithmus zur Transformation eines Aktivsatzes ins Passiv 112

Schema zur Transformation eines Aktivsatzes ins Passiv 113

Test 15 114

Das Verb: Die Konjunktive 116

Konjunktiv II Gegenwart: Regelmäßige Verben 116

Konjunktiv II Gegenwart: Unregelmäßige Verben 117

Konjunktiv II Vergangenheit 118

Konjunktiv II in irrealen Nebensätzen mit „als ob/ als wenn…". 120

Algorithmus zur Transformation eines Hauptsatzes mit einem irrealen Vergleich in einen Hauptsatz und einen Nebensatz mit „als ob/als wenn…".. 121

Konjunktiv I Gegenwart 122

Konjunktiv I Vergangenheit 122

Übersicht über die Konjunktivstrukturen 123

Test 16 124

Die Lösungen der Aufgaben 126

Die Lösungen der Tests 148

Das Verb: Der Infinitiv

Wir lernen: Die Verben sind eine Wortart.
! ! Beachten Sie: Wir lernen immer den Infinitiv.
Beispiel: „suchen" ist der Infinitiv eines Verbs.
Neue Information: Der Infinitiv besteht aus 2 (zwei) Teilen: Teil 1 (eins**): Der Stamm.** Teil 2 : **Die Endung „-en"** oder **„-n".** Beispiel 1: Infinitiv „such - en": Teil 1: Der Stamm „such-„. Teil 2: Die Endung „-en". Beispiel 2: Infinitiv „murmel-**n".** Teil 1: Der Stamm „murmel-„. Teil 2: Die Endung „-n". Wir lernen: Der Stamm des Verbs hat den Akzent = **Der Stamm ist betont.**
Beispiel: Súch -en, múrmel –n.
Aufgabe 1: Schreiben und lesen Sie den Stamm und die Endung der folgenden Infinitive: Lernen, -geben,- ändern, -schreiben, -sehen, -kennen, -hoffen, -gehen,- kommen,- lächeln.

Das Verb: Der Infinitiv mit Präfix

Wir wiederholen: Der Infinitiv hat einen Stamm und eine Endung, der Stamm ist betont.
Neue Information: Der Infinitiv hat manchmal noch eine Silbe. Diese Silbe heißt **Präfix.**
Beispiel: **„be**-such-en" ist ein Infinitiv mit einem Präfix. Der Stamm ist „-súch-„, die Endung ist „-en", das Präfix ist **„be-„.**
Wir lernen: Das Präfix ist unbetont = **das Präfix hat nicht den Akzent.**

Aufgabe 2: Schreiben und lesen Sie Präfix, Stamm und Endung der folgenden Infinitive: Bezahlen, -besuchen, -verstecken, -verkaufen, -genehmigen,-vergeben, -gestehen, -bekommen, -verbrennen.

Das Verb: Der Infinitiv mit Verbzusatz

Wir wiederholen: Der Infinitiv hat einen Stamm und eine Endung. Der Stamm ist betont, das Präfix ist unbetont.

Neue Information: Der Infinitiv hat manchmal noch eine Silbe. Diese Silbe ist betont. Diese Silbe heißt **Verbzusatz.**

Wir lernen: **Der Verbzusatz ist betont,** der Stamm ist unbetont. Beispiel: „áb-fahr-en" ist ein Infinitiv mit einem Verbzusatz: Der Stamm ist „-fahr", die Endung ist „-en", der Verbzusatz ist **„ab-".**

!! Beachten Sie : Es gibt Verben mit Präfix **und** Verbzusatz. Beispiel: „vor –be –reit –en".

Aufgabe 3: Lesen Sie die folgenden Infinitive laut: Ab-schreiben, -ab-be-zahlen, -aus-atmen, -aus-sprechen, -ein-atmen, -aus geben, -ein -ge-stehen, -mit-nehmen, -weg-geben.

Das Verb: Die Konjugation: Das Präsens

Neue Information: Das Verb hat eine Personalform. Beispiel: „(Ich) suche" ist eine Personalform Präsens von „suchen". Die Personalform hat 2

Teile: Teil 1: Der Stamm „such-",. Teil 2: Die Personalendung von „ich": **„-e"**.
Wir lernen: Die Endung „-e" ist die Endung für die Person „ich". Die Person für die Personalform heißt **Subjekt** . Es gibt 3 Personen Singular (Sgl.) ,also auch 3 Personalendungen Sgl. – Es gibt 3 Personen Plural (Pl.) , also auch 3 Personalendungen Pl.

Die Personalendungen Präsens

Wir wiederholen: Wir können von einem Verb die 3 Personen Sgl. und die 3 Personen Plural bilden. **Das ist die Konjugation.**
Wir lernen: Die Personen und die Personalendungen Sgl. : 1. Person **„ich"**, Personalendung **„-e"**. , - 2. Person **„du"**, Personalendung **„st"**. - 3. Person **„er,es,sie"**. Personalendung **„-t"** –
Die Personen und die Personalendungen Pl. : 1. Person **„wir"**, Personalendung **„-en/ -n"**. 2. Person **„ihr"**, Personalendung **„-t"**. - 3. Person **„sie/Sie"**, Personalendung **„en"**.
Diese Personalendungen nennen die Gegenwart, diese Personalformen heißen Präsens.
<u>Beispiel:</u> Das Präsens von „suchen" heißt - Sgl. ich such-e, du such-st, er,es,sie such-t. Pl. wir such-en, ihr such-t, sie,Sie such-en.
!! Beachten Sie: Bei Verben mit dem Stammende **-ss** oder **-ß** verliert die Endung der 2. Person Sgl. Präsens das –s. <u>Beispiel</u> : hass –en : du hass-t - heiß- -en: du heiß –t.

Aufgabe 4: Schreiben und lesen Sie die Personalformen Präsens der folgenden Verben: Besuchen, -erklären, -fragen, -gehen, -verkaufen.

Das Präsens der Verben mit Verbzusatz

Wir wiederholen: Wir bilden die Personalformen Präsens mit Stamm + Personalendung. Es gibt Verben mit Verbzusatz. Der Verbzusatz ist betont. Beispiel: an - kommen. Es gibt Verben mit Präfix **und** Verbzusatz. Beispiel: vor –be –reiten.
Wir lernen: Wir schreiben das Präsens von „ankommen": Wir trennen Personalform und Verbzusatz = die Verben mit Verbzusatz sind trennbar. Beispiel: Ich komme...an, -du kommst...an, -er,es,sie kommt...an, -wir kommen...an, -ihr kommt...an, -sie/Sie kommen...an.

Aufgabe 5a: Schreiben und lesen Sie die Personalformen Präsens der folgenden Infinitive: Ab-bezahlen, -ab-reißen, -ab-schreiben, -aus-atmen, -aus-suchen, -an-kommen, -ein –atmen, -vor –bereiten

Aufgabe 5b: Wir heißen die Subjekte der folgenden Personalformen?...machst, ...lerne, ...kommen -an (2 Subjekte), ...sagt (2 Subjekte), ...erkläre, ...nennst,...schreibst –ab, ...besuchen (2 Subjekte), ...öffne, ...reißt (3 Subjekte).

Varianten A der Präsensbildung

Wir wiederholen: Wir bilden die Personalformen Präsens mit dem Stamm und der Personalendung.
Neue Information: Es gibt Präsens-Varianten Gruppe A. <u>Beispiel:</u> Die 2. Pers. Sgl. von „fahren" heißt „du f-ä-hrst".
Wir lernen: Der Stammvokal des Infinitivs und der Stammvokal der 2. und 3. Pers. Sgl. sind **nicht** gleich. Diese Änderung des Stammvokals heißt - **der Umlaut-**.
Beispiele für die Präsensvarianten der Gruppe A: A1: Infinitiv „f-a –hren (-ä-)", Umlaut „-ä-„, = du f-ä-hrst, er,es,sie f-ä –hrt. A2: Infinitiv „spr-e-chen (-i-)", Umlaut „-i-„ = du spr-i-chst, er,es,sie spr-i-cht". A3: Infinitiv „l-e-sen (-ie-)", Umlaut „ie" = du l-ie-st,
er,es,sie l-ie-st". A4: Infinitiv „l-au-fen(-äu-)", Umlaut „äu" = du l-äu. fst, er,es,sie läu-ft".
Aufgabe 6: Lesen und schreiben Sie das Präsens von folgenden Verben: <u>Ein</u>laden (ä), -sehen (ie), -laufen (äu), -helfen (i), -<u>ab</u>stoßen (ö), -vergessen (i).

Varianten B der Präsensbildung

Wir wiederholen: Wir bilden die Personalformen Präsens mit dem Stamm und der Personalendung.
Neue Information: Es gibt Präsens-Varianten Gruppe B. <u>Beispiel:</u> Die 1. Pers. Sgl. von „dürfen" heißt „du d-a-rfst".

Wir lernen: 1.) In die Gruppe B der Präsensvarianten gehören die Modalverben „**dürfen, können, mögen, müssen, wollen sollen**" und das Verb „**wissen**". 2.) Der Stammvokal des Infinitivs und der Stammvokal der 1. , 2. und 3. Pers. Sgl. sind nicht gleich. Diese Änderung des Stammvokals heißt Umlaut. 3.) Die 1. und 3. Pers. Sgl. haben keine Endung.

Übersicht über die Präsensvarianten Gruppe B
Modalverben: **Dürfen:** ich darf, -du darfst, -er,es,sie darf, -wir dürfen, -ihr dürft, -sie/Sie dürfen. **Können**: ich kann, -du kannst, -er,es,sie kann, -wir können, -ihr könnt, -sie/Sie können. **Mögen**: ich mag, -du magst, -er,es,sie mag, -wir mögen, -ihr mögt, -sie/Sie mögen. **Müssen:** ich muss, -du musst, -er,es,sie muss, -wir müssen,- ihr müsst,- sie/Sie müssen. **Wollen:** ich will, -du willst, -er,es,sie will, -wir wollen, -ihr wollt, -sie/Sie wollen. **Sollen:** ich soll, -du sollst, -er,es,sie soll, -wir sollen, -ihr sollt, -sie/Sie sollen. **Wissen:** ich weiß, -du weißt, -er,es,sie weiß, -wir wissen, - ihr wisst, -sie/Sie wissen.

Aufgabe 7: Lesen Sie alle Personalformen dieser Verben laut!

Einzelvarianten der Präsensbildung

Wir wiederholen: Wir bilden die Personalformen Präsens mit dem Stamm und der Personalendung.
Wir lernen: Es gibt Einzelvarianten der Präsensbildung.

Übersicht über die Einzelvarianten der Präsensbildung

Braten (ä): du brätst –er,es,sie brät. **Gelten**: du giltst –er,es,sie gilt. **Haben**: du hast, -er,es,sie hat. Halten: du hältst, -er,es,sie hält. **Nehmen:** du nimmst, -er,es,sie nimmt. **Stoßen**: du stößt, -er,es,sie stößt. **Treten**: du trittst, -er,es,sie tritt. **Werden**: du wirst, -er,es,sie wird.

Das Verb „sein" ändert alle Personalformen Präsens: ich bin, -du bist, -er,es,sie ist, -wir sind, -ihr seid, -sie/Sie sind.

Aufgabe 8: Schreiben und lesen Sie alle Personalformen Präsens der folgenden Verben:
Abfahren (ä), -versprechen (i), -vorlesen (ie), -zunehmen(i), -werden (i), -saufen (äu), vergeben (i), - bekommen, -wissen, -sein, -zurückgeben.

Verben mit dem phonetischen „-e-„

Wir wiederholen: Wir bilden die Personalformen Präsens mit dem Stamm und der Personalendung.

Neue Information: Manchmal schreiben wir zwischen den Stamm und die Personalendung der 2. und 3. Pers. Sgl. sowie der 2. Pers. Pl. ein phonetisches „-e-„.

Wir lernen: Wir schreiben ein phonetisches „-e-„: 1. - Der Stamm endet auf –d oder –t.

Beispiel: Red-en: Du red **–e-**st, -er,es,sie red-**e**-t, -ihr red-**e**-t. Arbeiten: Du arbeit-**e**-st, -er,es,sie arbeit-**e**-t, -ihr arbeit **–e**-t. 2. - Der Stamm endet auf Konsonant + -m oder auf Konsonant + -n. Beispiel: At**m**-en: Du atm-e-st, -er,es,sie atm-e-t, -ihr atm –e-t. Öff**n**-en: Du öffn-e-st, -er,es,sie öffn-e-t, -ihr öffn-e-t.

!! Beachten Sie: Ohne phonetisches –e-: „lernen".

Einzelvarianten: Wir schreiben nur in der 2. Pers. Pl. ein phonetisches –e-: Halten (ä): ihr haltet, -laden (ä): ihr ladet, -treten (i): ihr tretet, -werden: ihr werdet.

Aufgabe 9: Schreiben und lesen Sie alle Personalformen Präsens der folgenden Verben: Ausatmen, -bedeuten, -bilden, -finden, -öffnen, -einladen (ä).

Algorithmus zur Bildung der Personalformen Präsens

---

1. - Schreiben Sie den Stamm des Verbs.
2. - Schreiben Sie die Personalendung an den Verbstamm.
!! Beachten Sie das phonetische –e-.
!! Beachten Sie die Varianten der Präsensbildung.

Das Verb. Das Partizip I

Wir wiederholen: Die Personalformen Präsens nennen eine Handlung in der Gegenwart.

Neue Information: Wir können über zwei Handlungen in der Gegenwart gleichzeitig informieren.

Beispiel: Sie fährt ab und winkt. = Sie fährt winkend ab.

Wir lernen: Für zwei Handlungen gleichzeitig schreiben wir eine Personalform mit einem Partizip I. Wir bilden das Partizip I mit dem Infinitiv + d. Beispiel: Infinitiv „winken" – Partizip I: „winkend". -Infinitiv „bezahlen" – Partizip I „bezahlen-d". -Infinitiv „abfahren" – Partizip I „abfahrend". !! Beachten Sie: Das Partizip I ist keine Personalform.
Aufgabe 10: Schreiben und lesen Sie die Partizipien I der folgenden Verben: Atmen, -bedeuten, -bilden, -öffnen, -einladen, -schreiben.

Das Verb: Der Imperativ

Neue Information: Wir schreiben manchmal Personalformen ohne Subjekt. Beispiel: Trink die Milch !
Wir lernen: Die Personalform „trink !" heißt **der Imperativ.** 1.)- Es gibt einen Imperativ Sgl. - Wir bilden diesen Imperativ mit dem Stamm. !! Beachten Sie: Die Präsensvariationen der Gruppen A2 und A3 haben im Imperativ Sgl. ebenfalls den Umlaut. Beispiel: Gruppe A2: Sprich nicht so laut ! Gruppe A3: Lies dieses Buch !
!! Beachten Sie: Die Präsensvarianten der Gruppen A1 und A4 haben im Imperativ Sgl. nicht den Umlaut. Beispiel: Gruppe A1: Fahr langsamer ! Gruppe A4: Lauf schneller !
2.) Es gibt einen Imperativ Pl. - Wir bilden diesen Imperativ mit dem Stamm + -t. Beispiel: Trinkt die Milch !

3.) Es gibt einen formellen Imperativ. Dieser Imperativ und der Infinitiv sind gleich. !! Beachten Sie: Wir schreiben diesen Imperativ mit dem Subjekt „Sie". <u>Beispiel:</u> Trinken Sie die Milch !

Varianten der Imperativbildung

Wir wiederholen: Es gibt einen Imperativ Sgl. , einen Imperativ Pl. und einen formellen Imperativ.
Wir lernen: Es gibt Varianten der Imperativbildung.
1.)- Verben mit dem phonetischen „_e-„ sowie Verben mit den Infinitivendungen „-igen,-eln, -ern" bilden den Imperativ Sgl. mit dem Stamm + „-e-„.
<u>Beispiele:</u> Antworte, - entschuldige, - murmele, - erinnere.
2.)- Verben mit dem phonetischen „-e-„ bilden den Imperativ Pl. mit dem Stamm + „-et".
<u>Beispiel:</u> Antwortet !
Einzelvariante: Imperativ Pl. von „sein": seid !
Aufgabe 11: Schreiben und lesen Sie die Imperative der folgenden Verben: Arbeiten, -<u>aus</u>sprechen, -<u>ein</u>atmen, -fahren, -finden, -nehmen, -sehen, -treten, -öffnen, -<u>vor</u>lesen.

Test 01

Aufgabe 1: Schreiben Sie von den folgenden Verben jeweils die 3. Pers. Sgl. Präsens: Öffnen, vermieten, wissen, dürfen, können, bezahlen, <u>auf</u>machen, - sehen, -<u>an</u>kommen.
Aufgabe 2: Schreiben Sie die Subjekte der folgenden Personalformen: -Darf (2 Subjekte), -fällst, -

siehst, -lacht (2 Subjekte), -nenne, -sprechen (2 Subjekte), -kann (2 Subjekte), -musst, -müsst, -kennt (2 Subjekte).
Aufgabe 3: Bilden Sie von den folgenden Verben jeweils den Imperativ Sgl. und Pl. : Lernen, -zuhören, -kommen, -essen, -versuchen, -finden, -einschlafen, -schreiben, -sehen, -fahren.
Aufgabe 4: Bilden Sie von den folgenden Verben jeweils das Partizip I. : Ankommen, -schlafen, -besichtigen, -lesen, -schreiben.

Das Substantiv/ Das Artikelwort

Neue Information: Das Substantiv hat ein Artikelwort. Wir schreiben das Substantiv immer groß.
Beispiel: Die Universität – die Universitäten
Wir lernen: Es gibt **3 Artikelwörter** Sgl. : **Der (-r)** = maskulinum (mask.), **das (-s)** = neutrum (neutr.), **die (-e)** = femininum (fem.)
Es gibt aber nur **ein Artikelwort Pl. -: die (-e).**
Neue Information: Maskulinum, Neutrum und Femininum nennen das **Genus** des Substantivs, Sgl. und Pl. sind der **Numerus** des Substantivs. : Das Artikelwort sagt uns: 1. - Das Substantiv ist maskulinum, neutrum oder femininum. 2. Das Substantiv ist Sgl. oder Pl. -
Aufgabe 12: Wie heißen die Artikelwörter der folgenden Substantive? - Bad, -Etage, -Firma, -Gegenteil, -Küche, -Problem, -Straße, -Student, -Zimmer, -Substantiv, -Grammatik, -Algorithmus.

Die Artikelwörter

Wir wiederholen: Die Substantive und die Artikelwörter sind Wortarten. Das Substantiv hat ein Artikelwort. Wir schreiben das Substantiv immer groß.
Neue Information: Wir teilen die Artikelwörter ein in **Gruppe 1**: Artikelwörter mit den Endungen von „de-**r**, da-**s**, di-**e**". Beispiele: Dieser, dieses, diese – jeder, jedes, jede - jener, jenes, jene – welcher, welches, welche – mancher, manches, manche.
Gruppe 2: Artikelwörter mit den Endungen von „ein-, ein-, ein-**e**". Beispiele: kein, kein, keine – mein, mein, meine – dein, dein, deine – sein, sein, seine – ihr, ihr ,ihre – unser, unser, unsere – euer, euer, eure –ihr, ihr, ihre – Ihr, Ihr Ihre. !!!Beachten Sie: ein, ein, eine ist nur Sgl. -
Aufgabe 13: Schreiben und lesen Sie die folgenden Substantive Sgl. und Pl. mit allen Artikelwörtern der Gruppe 1 und der Gruppe 2: r Student (-en), s Buch (ü-er), e Firma (-en).

Das Substantiv: Genus - Numerus

Wir wiederholen: Die Substantive sind mask. , neutr. oder fem. - Die Substantive sind Sgl. oder Pl. -. Das Artikelwort sagt uns: 1. Das Substantiv ist mask. , neutr. oder fem. - 2. :Das Substantiv ist Sgl. oder Pl. –
Wir lernen: 1.) Substantive mit folgenden Endungen sind femininum. : **-ei, -ion, -heit, -keit, -ung,**

--schaft. Die Pluralendung ist **–en**. Beispiel: Die Zeitung - die Zeitungen.
2.) Wir können mit der Endung **-in** ein Substantiv maskulinum in ein Substantiv femininum transformieren. Die Pluralendung ist **-nen.** Beispiel: Der Lehrer - die Lehrerin / die Lehrer – die Lehrerinnen. Der Türke – die Türkin /die Türken – die Türkinnen.

Aufgabe 14: Transformieren Sie die folgenden Substantive mask. in die entsprechenden Substantive fem. - Schreiben und lesen Sie Sgl. und Pl. : r Student,- r Freund,- r Chinese, -r Grieche,- r Indonesier, -r Iraner, -r Chemiker, -r Physiker, -r Mediziner, -r Sekretär, - r Sänger, -r Bäcker.

Das Substantiv: Die Pluralendungen

Neue Information: Die Pluralendungen der Substantive sind unterschiedlich. Wir müssen von jedem Substantiv die Pluralendung lernen.

Aufgabe 15: Schreiben und lesen Sie die Pluralendungen der folgenden Substantive: -r Hafen, -r Vortrag, -r Baum, -s Bad, -s Tal, -r Strand, -s Haus, -s Land, -e Luft, -r Monat, -s Jahr, -e Woche, -e Straße, -r Chemiker, -e Pause, -e Lehrerin, -e Miete, .

Das Substantiv: Die Deklination

Wir wiederholen: Das Substantiv hat ein Artikelwort. Das Artikelwort sagt uns: Das Substantiv ist maskulinum, neutrum oder femininum. Das Substantiv ist Singular oder Plural.

Wir lernen: Das Substantiv bildet einen **Nominativ (Nom.)**, einen **Genitiv (Gen.)**, einen **Dativ (Dat.)**, einen **Akkusativ (Akk.)**. Diese Bildung heißt **die Deklination**. Wir lernen die Endungen der Artikelwörter Gruppe 1 und Gruppe 2 sowie der Substantive:

Sgl. : mask. : neutr. : fem.

Nominativ: d-**er** /kein Lehrer, d- **as**/kein Buch, di –**e**/kein-**e** Lehrerin

Genitiv: d-**es** / kein-**es** Lehrer-**s,** d- **es**/kein-**es** Buch-**es,** d–**er**/kein-**er** Lehrerin

Dativ: d-**em**/ kein-**em** Lehrer , d- **em**/kein-**em** Buch , d –**er**/kein-**er** Lehrerin

Akkusativ: d-**en**/ kein -**en** Lehrer , d- **as**/kein Buch, di –**e**/kein-**e** Lehrerin

Pl. : di- **e** Bücher, kein-**e** Bücher

d- **er** Bücher , kein-**er** Bücher

d- **en** Bücher-**n,** kein-**en** Bücher-**n**

di- **e** Bücher, kein-**e** Bücher.

Aufgabe 16: Deklinieren Sie Sgl. und Pl. der folgenden Substantive: -s Bad, e Küche, -e Straße, s Zimmer, -r Freund.

Test 02

Aufgabe 1: Schreiben Sie von den folgenden Verben jeweils die 3. Pers. Sgl. Präsens: Lachen, -

versprechen, -<u>auf</u>machen, -fallen, -betragen, -bieten, -bitten, -<u>ein</u>schlafen, -sitzen, -korrigieren.
Aufgabe 2: Deklinieren Sie die folgenden Substantive im Sgl. und im Pl. : Der Tag, -das Buch, -die Aufgabe.
Aufgabe 3: Schreiben Sie das Artikelwort und den Plural der folgenden Substantive: -Zeitung, -Baum, -Monat, -Minute, -Woche.
Aufgabe 4: Schreiben Sie die feminine Form der folgenden Substantive mit Singular und Plural: -Der Student, –der Tänzer, –der Biologe, –der Mediziner –der Freund.

Das Verb: Die Konjugation: Das Präteritum

Wir wiederholen: Die Personalform des Verbs nennt die Zeit und die Person einer Handlung. Wir lernen: Es gibt eine Personalform für die Vergangenheit. Diese Personalform heißt **das Präteritum.** Die Personalform „Präteritum" ist also eine Personalform für die Vergangenheit. Neue Information: Es gibt ein **regelmäßiges Präteritum,** es gibt ein **unregelmäßiges Präteritum.** Der Infinitiv zeigt nicht: Das Verb ist regelmäßig oder unregelmäßig.

Das regelmäßige Präteritum

Wir wiederholen: Es gibt eine Personalform für die Vergangenheit. Diese Personalform heißt –**das**

Präteritum (Prät.)- . Es gibt ein regelmäßiges und ein unregelmäßiges Präteritum.
Wir lernen: Wir bilden die Personalformen des regelmäßigen Präteritums mit dem **Stamm + Vergangenheitssignal –t + Personalendung Präteritum. Die Personalendungen des regelmäßigen Präteritums** sind - **Sgl. : –e, -est, -e; Pl. : –en, -et, -en.** Beispiel: Infinitiv „suchen": Sgl. : Ich such -t–e, du such –t –est, er,es,sie such –t –e. -Pl. : Wir such-t-en, ihr such –t-et, sie/Sie such –t –en. !!
Beachten Sie: Verben mit der Infinitivendung -**ieren** bilden ein regelmäßiges Präteritum.
Neue Information: Manchmal schreiben wir zwischen den Stamm und das Vergangenheitssignal –t- ein phonetisches –e-. Beispiele: Red-en: Ich red-e-te. –Arbeiten: Ich arbeit-e-te. / Öffnen: Ich öffn-e-te, -Atmen: Ich atm-e-te. **Aber:** Lernen: Ich lernte.
Aufgabe 17: Schreiben und lesen Sie das Präteritum der folgenden Verben: Üben, -fragen, -danken, -erklären, -amüsieren, -retten, -<u>auf</u>machen, -vermieten, -<u>vor</u>bereiten, -öffnen, -lächeln.

Varianten der regelmäßigen Präteritumbildung

Wir lernen: Präteritum-Varianten **Gruppe A:** Die Verben „**brennen, -kennen, -nennen, -rennen"** ändern ihren **Stammvokal „-e-"** in „**-a-"** = ich brannte, -ich kannte, -ich nannte, -ich rannte-. Präteritum-Varianten **Gruppe B:** 1.)- Die Verben „**dürfen, -können, -müssen"** ändern ihre **Stammvokale „-ü-, -ö-,-i-"** in die **Stammvokale**

„-u-, -o-, -u-". = ich durfte, -ich konnte, -ich wusste. 2.)- Das Verb „mögen" ändert seinen **Stammvokal „-o-"und** seinen **Konsonanten „-g-" in „-ch-"**: = ich mochte-. Präteritum-Varianten **Gruppe C**: Die Verben „**bringen, -denken**" ändern ihre **Stammvokal in „-a-"** und **ihre Konsonanten in „-ch-"**, = Ich brachte, -ich dachte-.
Wir lernen Einzelvarianten: „**haben**" = ich hatte, - „**werden**" = ich wurde-.
Aufgabe 18: Schreiben und lesen Sie alle Personalformen Prät. dieser Verben

Algorithmus zur Bildung der Personalformen des regelmäßigen Präteritums

1. - Schreiben Sie den Stamm des Verbs
2. - Schreiben Sie das Vergangenheitssignal –t- an den Verbstamm.
3. - Schreiben Sie die Personalendung des regelmäßigen Präteritums an den Verbstamm + t.
!!!Beachten Sie das phonetische –e- .
!!!Beachten Sie die Varianten der regelmäßigen Präteritumbildung.

Das unregelmäßige Präteritum

Wir wiederholen: Es gibt ein unregelmäßiges Präteritum.

Wir lernen: Die Personalformen des unregelmäßigen Präteritums ändern ihren Stammvokal. Diese Änderung heißt **der Ablaut**. Wir bilden die Personalformen des unregelmäßigen Präteritums mit dem abgelauteten Stamm + Personalendung des unregelmäßigen Präteritums.
Die Personalendungen des unregelmäßigen Präteritums sind Sgl. : Ich **-keine Personalendung**, -du **-st,** -er,es,sie = **keine Personalendung**. Pl. : Wir **-en,** -ihr **-t,** sie/Sie **-en**. Beispiel: Das Präteritum von „geben (-i-) -a- heißt -ich g-a-b, -du g-a-b-st, -er,es,sie g-a-b, -wir g-a-b-en, ihr g-a-b-t, sie/Sie ga-b-en.
Einzelvariante: „werden" hat in der 1. Und 3. Pers. Sgl. die Endung -e: Ich w-u-rd-e, -er,es,sie - w-u-rd-e.

Verben mit dem phonetischen –e-

Wir wiederholen: Manchmal schreiben wir zwischen den abgelauteten Stamm und die Personalendung der 2. Pers. Sgl. ein phonetisches -e-. **Aber** der abgelautete Stamm muss auf –d oder -t enden.
Aufgabe 19: Schreiben und lesen Sie alle Personalformen Präteritum der folgenden Verben: Schreiben –ie-, -erfahren (-ä-) –u, -tragen (-ä-) –u, -zunehmen (-i-) –a, binden -a, -festhalten (-ä-) –ie, -abgeben (-i-) –a, -versprechen (-i-) –a, -einladen (-ä-) –u.

Einzelvarianten des unregelmäßigen Präteritums

Wir wiederholen: Wir bilden die Personalformen des unregelmäßigen Präteritums mit dem abgelauteten Stamm + Personalendung des unregelmäßigen Präteritums.
Wir lernen: Es gibt Einzelvarianten. Beispiele: Bitten -bat, gehen -ging, fallen -fiel, kommen –kam, sein -war, stehen -stand, treffen -traf, ziehen -zog.
Aufgabe 20: Schreiben und lesen Sie alle Personalformen Präteritum dieser Verben.

Algorithmus zur Bildung der Personalformen des unregelmäßigen Präteritums

1. - Schreiben Sie den Stamm des Verbs
2. Ändern Sie den Stammvokal des Verbs
!!!Beachten Sie. Diese Änderungen des Stammvokals müssen Sie jeweils lernen
3. Schreiben Sie die Personalendung des unregelmäßigen
 Präteritums an den abgelauteten Stamm
!!!Beachten Sie das phonetische „-e"
!!!Beachten Sie die Varianten der unregelmäßigen Präteritumbildung

Test 03

Aufgabe 1: Schreiben Sie von den folgenden Verben jeweils die 3. Pers. Sgl. Präsens und Präteritum:

-Treffen, -versprechen, -<u>auf</u>stehen, -fallen, -mieten, -legen, -liegen, -<u>ein</u>schlafen, -schaden , -korrigieren.

Aufgabe 2: Schreiben Sie die Subjekte der folgenden Personalformen: -Durfte (2 Subjekte), -fiel (2 Subjekte), -musstest, -sprach (2 Subjekte), -konnten (2 Subjekte), -kannte, -bot (2 Subjekte), -badetet, -sah (2 Subjekte), -trugt.

Aufgabe 3: Schreiben Sie das Artikelwort und den Plural der folgenden Substantive: -Buch, -Physiker, -Krankheit, -Lösung, -Möglichkeit, -Tag, -Bäckerei, -Baum, -Arm, -Nation.

Aufgabe 4a: Schreiben Sie von den folgenden Substantiven die feminine Form mit Sgl. und Plural. : -Der Lehrer, -der Tänzer, -der Türke, -der Bäcker, --der Mediziner.

Aufgabe 4b: Deklinieren und lesen Sie diese Substantive.

Der Satz: Das Subjekt – Das Objekt

Die Objekte

Neue Information: Wir können mit den Wörtern einen Satz bilden.

Wir lernen: In einem Satz heißt ein Substantiv im Nominativ **das Subjekt,** ein Substantiv im Genitiv, Dativ oder Akkusativ heißt **das Objekt. !! Beachten Sie :** Entscheidend für das Objekt ist das Verb.

Wir lernen die Objekte: **Das Genitiv-Objekt.** Beispiel: „Wir gedenken der Toten. " Das Verb „gedenken" fordert einen Genitiv = gedenken (Gen.). Das Fragewort für den Genitiv heißt **wessen? Das Dativ-Objekt.** Beispiel: „Er hilft seinem Freund. ". Das Verb „helfen" fordert einen Dativ = helfen (Dat.). Das Fragewort für den Dativ heißt **wem?** Das **Akkusativobjekt.** Beispiel: „Er sieht seinen Freund. " Das Verb „sehen" fordert einen Akkusativ = sehen (Akk.). Das Fragewort für den Akkusativ heißt **wen?** für Personen**, was?** für Sachen.

Aufgabe 21: Bilden Sie mit den folgenden Wörtern Sätze. Schreiben Sie jeweils das Präsens und das Präteritum: Er (Subjekt), gedenken (Gen.), sein Vater. –Wir (Subjekt), zuhören (Dat.), die Musik. – Ihr (Subjekt), applaudieren (Dat.), der Sänger. –Ich (Subjekt), bitten (Akk.), mein Freund. –Die Mutter (Subjekt), sehen (Akk.), ihr Sohn. –Dieses Buch (Subjekt), gehören (Dat.), mein Bruder. –Meine

Großmutter (Subjekt), <u>vor</u>bereiten (Akk.), das Abendessen.

Verben mit Dativ- <u>und</u> Akkusativobjekt.

Wir wiederholen: Entscheidend für das Objekt ist das Verb.

Wir lernen: Einige Verben können ein Dativobjekt **und** ein Akkusativobjekt fordern. Dann steht meistens die Person im Dativ, die Sache im Akkusativ.

<u>Beispiel:</u> Ich gebe meinem Bruder einen Apfel.

Aufgabe 22: Bilden Sie mit den folgenden Wörtern Sätze. Schreiben und lesen Sie das Präsens und das Präteritum: Ich (Subjekt), kaufen (Dat./Akk.), mein Sohn, ein Mantel. –Mein Bruder (Subjekt), geben (Dat./Akk.), sein Freund, ein Buch. –Unser Vater (Subjekt), schreiben, (Dat./Akk.), seine Familie, ein Brief. –Wir (Subjekt), vermieten (Dat./Akk.), die Studentin, ein Zimmer. –Der Lehrer (Subjekt), erklären (Dat./Akk.), die Studenten, die Grammatikregeln.

Verben ohne direkte Objekte.

Wir lernen: Einige Verben haben kein direktes Objekt. Wir schreiben bei diesen Verben weder ein Genitiv- noch ein Dativ- oder Akkusativobjekt.

Liste (Auswahl) von Verben ohne direktes Objekt: Bluten, -<u>ein</u>schlafen, -erröten, erwachen, -frieren, -lächeln, -scherzen, -verarmen, -verblühen, -verfaulen, --verstummen, -<u>zu</u>frieren.

Aufgabe 23: Bilden Sie von jedem dieser Verben die 3. Pers. Sgl. Präsens und Präteritum.

Die Pronomen: Die Personalpronomen

Neue Information: Die Pronomen sind eine Wortart. Es gibt Personalpronomen und Reflexivpronomen.

Wir lernen: Wir können ein Substantiv durch ein anderes Wort ersetzen. Dieses Wort heißt **das Personalpronomen.** Es gibt 3 Personalpronomen Singular, es gibt 3 Personalpronomen Plural. Wir deklinieren diese Pronomen: Sgl. : **-Ich,** -meiner, -mir, -mich. **–Du,** -deiner, -dir, -dich. **-Er,es,sie** : seiner,seiner,ihrer, - Pl. : **Wir –**unser, -uns, -uns. **Ihr** –euer, -euer, -euch. **Sie,sie** –Ihrer,ihrer, -Ihnen, ihnen –Sie,sie.

Aufgabe 24: Ersetzen Sie in den folgenden Sätzen die Substantive durch Personalpronomen: -Ich hole meine Tochter ab. Ich hole meinen Sohn ab. –Es geht meiner Tochter gut. Es geht meinem Sohn gut. –Mein Bruder will seinen Freund besuchen. –Ich schreibe meinem Freund einen Brief. –Mein Freund hilft oft seiner Freundin. –Die Eltern rufen ihren Sohn an. –Der Arzt erlaubt es unserem Sohn nicht.

Die Pronomen: Die Reflexivpronomen

Wir wiederholen: Es gibt Personalpronomen und Reflexivpronomen.
Wir lernen: Das Subjekt und das Objekt können die selbe Person sein. Beispiel:
„Ich wasche mich . „ Das Pronomen „mich" heißt **das Reflexivpronomen.** Das Reflexivpronomen hat keinen Nominativ. Das Reflexivpronomen ist meistens ein Akkusativobjekt. Bei 2 Objekten steht das Reflexivpronomen = Person im Dativ, die Sache steht im Akkusativ. Beispiel: Ich wasche mir die Haare. !! Beachten Sie: Einige Verben haben immer ein Reflexivpronomen. Beispiel: Sich freuen.
Wir lernen die Reflexivpronomen: Genitiv-Sgl. : -meiner, -deiner, -seiner,seiner,ihrer. . **Gen. -Pl.** : unser, -eurer, -ihrer,Ihrer. **Dativ-Sgl.** : -mir, -dir, -sich,sich,sich. **Dativ-Pl.** : -uns, -euch, -sich. **Akkusativ-Sgl.** : -mich, -dich, -sich,sich,sich. **Akkusativ-Pl.** : -uns, -euch, -sich.
Aufgabe 25: Setzen Sie die Reflexivpronomen ein: - Sie wäscht -----. - Wir waschen ----. -Ich wasche --------- meine Hände. - Kaufst du -------- ein neues Auto? -Ich freue ------- auf unsere Reise. - Ich setze ----. - Sie sieht ---------- im Spiegel. - Wir sahen -------- nach vielen Jahren wieder.

Test 04

Aufgabe 1: Schreiben Sie von den folgenden Verben jeweils die 3. Pers. Sgl. Präsens und Präteritum:

Öffnen, -schließen, -tragen, -vermieten, -wollen, -weggeben, -ertrinken, -bringen, -lachen, -kennen.

Aufgabe 2a: Bilden Sie Sätze im Präsens: Der Vater (Subjekt),- helfen,- die Söhne. –Ich (Subjekt), -tragen, -meine Mutter, -die Tasche. Wir (Subjekt), -lernen, die deutsche Sprache. Die Schülerinnen (Subjekt), singen, der Lehrer, -ein Lied. Er (Subjekt), -öffnen, -die Eltern –die Tür.

Aufgabe 2b: Transformieren Sie Ihre Sätze in das Präteritum.

Das Verb: Das Partizip II

Wir wiederholen: Es gibt eine Personalform für die Vergangenheit. Diese Personalform heißt **das Präteritum.** .

Neue Information: Es gibt noch eine Verbform für die Vergangenheit. Diese Verbform heißt **das Partizip II**. Es gibt **ein regelmäßiges Partizip II, es gibt ein unregelmäßiges Partizip II**. !! Beachten Sie: Das Partizip II ist keine Personalform.

Wir lernen: Das **Partizip II + Personalform von „haben" oder „sein"** bildet die Vergangenheitsform **Perfekt und Plusquamperfekt**. Das von **Partizip II + Personalform „werden"** bildet **das Passiv**.

Das Verb: Das regelmäßige Partizip II

Wir wiederholen: Es gibt ein regelmäßiges Partizip II.

Wir lernen: Wir bilden das **regelmäßige Partizip II mit dem Verbstamm + Vergangenheitssignal –t– + Präfix „ge-"**. Beispiel: Infinitiv „suchen" --- Partizip II „ge –such –t". !! Beachten Sie: **Der Verbzusatz steht auch beim Partizip II am Verbanfang**. Beispiel: Infinitiv „aussuchen " --- Partizip II „ausgesucht". !!Beachten Sie das phonetische –e-.

Aufgabe 26: Schreiben Sie das Partizip II der folgenden Verben:: Üben, -fragen, -glauben, -danken, -machen, -haben, -deuten, -einüben, --ausbilden, -einatmen.

Das regelmäßige Partizip II ohne Präfix „ge—".

Wir wiederholen: Wir bilden das regelmäßige Partizip II mit dem Verbstamm + t + ge-. Beispiel: Gesuch-t, -aus- ge- such –t.

Neue Information: Es gibt regelmäßige Partizipien II **ohne** das Präfix „ge-".

Wir lernen: **Verben mit einem Präfix** sowie **die Verben mit der Infinitivendung „-ieren" bilden das Partizip II ohne das Präfix „ge-"**. Beispiele: Infinitiv „besuchen" -- Partizip II besucht". Infinitiv „studieren" – Partizip II „studiert".

Aufgabe 27a: Schreiben Sie das Partizip II der folgenden Verben: Benutzen, -erklären, -versuchen, -addieren, -subtrahieren, -dividieren, -telefonieren, -vermieten, genehmigen, --amüsieren, -vorbereiten.

Aufgabe 27b: Wie heißt das Partizip II der folgenden Verben? Durchsuchen, -befehlen, -abbrechen, -durchatmen, -zubereiten, -zumachen.

Varianten der regelmäßigen Partizip II-Bildung.

Wir lernen: Es gibt **Varianten der Gruppe A:** Die Verben „-brennen, -kennen, -nennen, -rennen" ändern ihren Stammvokal „-e-„ in „-a-„: Gebrannt, -gekannt, -genannt, -gerannt.

Die **Varianten der Gruppe B:** Die Verben „-dürfen, -können, -müssen, -wissen" ändern ihre Stammvokale: -ü in –u, -ö in -, -i in –u: -gedurft, -gekonnt, -gemusst, -gewusst. Das Verb „mögen" ändert seinen Stammvokal in –o- und den Konsonanten „-g-„ in „-ch": Gemocht.

Die **Varianten der Gruppe C:** Die Verben „bringen" und „denken" ändern ihre Stammvokale „i-„ und „-e-„ in „-a-„, ihre Konsonanten „-ng-„ und „-nk-„ in „-ch-„: Gebracht, -gedacht.

Aufgabe 28: Lesen Sie diese Varianten !

Algorithmus zur Bildung des regelmäßigen Partizips II

1. - Schreiben Sie den Stamm des Verbs.
2. Schreiben Sie das Vergangenheitssignal „-t-„ an den
 Verbstamm.
3. Schreiben Sie das Präfix „ge-„ vor den Verbstamm.

Varianten von 3. : Verben mit einem Präfix sowie die Verben mit der Endung „-ieren" haben nicht das Präfix „ge-".
!! Beachten Sie das phonetische –e-.
!! Beachten Sie die Varianten der regelmäßigen Partizip II-Bildung.

Das unregelmäßige Partizip II

Wir lernen: Das unregelmäßige Partizip II **ändert den Vokal des Verbstamms**. Diese Änderung heißt **der Ablaut**. Wir bilden das **unregelmäßige Partizip II mit dem abgelauteten Verbstamm + Präfix „ge-" + Endung „-en"**. Beispiel: Infinitiv „finden" –Partizip II „ge-fund-en". !!!Beachten Sie: **Den Änderungsvokal des Stamms = den Ablautvokal müssen Sie lernen**. !! Beachten Sie: Der Verbzusatz steht am Verbanfang. Beispiel: Infinitiv „besuchen" –Partizip II „be-such-t".
Aufgabe 29: Schreiben und lesen Sie das Partizip II der folgenden Verben: Schreiben, -fahren, -tragen -<u>aus</u>trinken, -<u>ab</u>geben, -sprechen, --sehen, -kommen, -werden.

Das unregelmäßige Partizip II ohne Präfix „ge-"

Neue Information: Es gibt unregelmäßige Partizipien II **ohne** das Präfix „ge-".
Wir lernen: Verben mit einem **Präfix** bilden **das Partizip II ohne das Präfix „ge-. "**
Beispiel: Infinitiv „behalten", Part. II „behalten. "

Aufgabe 30a: Schreiben und lesen Sie das Part. II der folgenden Verben: -Beschreiben, -betragen, -entnehmen, -versprechen, -vergeben, -erfahren, -verstehen, -enthalten.

Aufgabe 30b: Wie heißt das Part. II der folgenden Verben? -<u>Ab</u>schreiben, - <u>zu</u>nehmen, -<u>ab</u>geben, -<u>vor</u>lesen, -zerschneiden.

Einzelvarianten des unregelmäßigen Partizips II

Wir lernen: Es gibt Einzelvarianten des unregelmäßigen Partizips II: Bitten (bat) –gebeten, -gehen (ging) , gegangen, - nehmen (nahm), genommen, -sein (war), gewesen, -stehen (stand), gestanden, -ziehen (zog), gezogen.

Aufgabe 31: Lesen Sie alle Varianten laut.

Algorithmus zur Bildung des unregelmäßigen Partizips II

1. - Schreiben Sie den Verbstamm.
2. Schreiben Sie den Ablaut.

!!!Beachten Sie: Sie müssen den jeweiligen Ablaut lernen.

3. Schreiben Sie die Endung „-en" vor den abgelauteten Verb
  stamm.
4. Schreiben Sie das Präfix „ge-„ vor den abgelauteten Verbstamm.

Variante zu 4. : Verben mit einem Präfix haben nicht das Präfix „ge-„

!! Beachten Sie das phonetische „-e-„.

!! Beachten Sie die Varianten der unregelmäßigen Partizip II-Bildung.

Test 05

Aufgabe 1: Schreiben Sie von den folgenden Verben jeweils die 3. Pers. Präsens, Präteritum und das Partizip II: -Schneiden, -müssen, -bestehen, --gehen, -<u>aus</u>atmen, -ziehen, -bekommen, -sein, -pfeifen, --antworten.

Aufgabe 2:: Schreiben Sie von den folgenden Substantiven jeweils das Artikelwort und den Plural: -Bruder, -Hand, -Wissenschaft, -Fünf, -Nation, --Türkin, -Hals, --Baum, -Fleischerei, -Zeitung.

Aufgabe 3: Nennen Sie die Subjekte der folgenden Personalformen und beantworten Sie die Frage: Ist die Personalform Präsens oder Präteritum? -darf (2 Subjekte), -fällst, -siehst, -lachte (2 Subjekte), -hörten (2 Subjekte), -sprechen (2 Subjekte), -konnte (2 Subjekte), -hatte (2 Subjekte).

Aufgabe 4: Schreiben Sie zu den folgenden Personalendungen jeweils eine Personalform: - ---st, -keine Endung (2 Möglichkeiten), -t (2 Möglichkeiten), -en (2 Möglichkeiten), -e.

Das Verb: Die Konjugation: Das Perfekt und das Plusquamperfekt mit „haben".

Wir wiederholen: Mit dem Part. II können wir eine Vergangenheit bilden: **Aber** das Part. II ist keine Personalform = wir verändern es nicht. !!!Beachten

Sie: Das Part. II steht immer am Ende eine Hauptsatzes.

Wir lernen: Wir schreiben für die Vergangenheitsform **Perfekt** die Personalformen **Präs. von „haben"** + **Part. II**. Wir schreiben die Personalformen für die Vergangenheitsform **Plusquamperfekt"** mit den Personalformen **Prät. von „haben"** + **Part. II.** Beispiel:

Das Perfekt von „suchen": Ich habe gesucht, --du hast gesucht, -er,es,sie hat gesucht, --wir haben gesucht, -ihr habt gesucht, --sie,Sie haben gesucht.

Das Plusquamperfekt: Ich hatte gesucht, -du hattest gesucht, -er,es,sie hatte gesucht, --wir hatten gesucht, -ihr hattet gesucht, -sie,Sie hatten gesucht.

Aufgabe 32: Schreiben und lesen Sie das Perfekt und das Plusquamperfekt von folgenden Verben: -Finden, -lesen, -versuchen.

Das Perfekt und das Plusquamperfekt mit „sein".

Wir wiederholen: Mit dem Part. II können wir eine Vergangenheit bilden. **Aber** das Part. II ist keine Personalform = wir verändern es nicht!

Neue Information: Einige Verben bilden das Perfekt und das Plusquamperfekt mit den Personalformen Präs. /Prät. von „sein".

Wir lernen: A: Es gibt Verben der Bewegung **ohne** Akkusativobjekt. Diese Verben heißen **intransitiv**. Die intransitiven Verben der Bewegung bilden **das Perfekt/Plusquamperfekt** mit den **Personalfor-**

men Präs. /Prät. von „sein + Part. II. Beispiel: **Das Perfekt** von „gehen": Ich bin gegangen, -du bist gegangen, -er,es,sie ist gegangen, -wir sind gegangen, -ihr seid gegangen, --sie,Sie sind gegangen.
!! Beachten Sie: Die Verben „bleiben, sein, werden" bilden das Perfekt/Plusquamperfekt **immer** mit den Personalformen Präs. /Prät. von „sein" + Part. II.

Wir lernen: B: Es gibt Verben der Bewegung **mit** Akkusativobjekt. Diese Verben heißen **transitiv.** Die transitiven Verben der Bewegung bilden das **Perfekt/Plusquamperfekt mit „haben" + Part. II.** Beispiel: „Ich fahre meinen Vater in das Krankenhaus. " Perfekt/Plusquamperfekt: „Ich habe/hatte meinen Vater in das Krankenhaus gefahren. "

Aufgabe 33a: Schreiben und lesen Sie die Personalformen Perfekt und Plusquamperfekt von – fahren,- sein,- werden.

Aufgabe 33b: Transformieren Sie die folgenden Sätze in das Perfekt/Plusquamperfekt: -Wir fahren ihren Sohn zu seinen Eltern. –Er überspringt die Mauer. –Sie schwimmt einen neuen Rekord. –Ich reite ein störrisches Pferd. –Das Kind stößt die Vase um. –Der Pilot fliegt uns sicher über das Gebirge. –Wir kommen zu spät.

Das Perfekt und das Plusquamperfekt ohne Partizip II.

Wir wiederholen: Wir bilden das Perfekt/Plusquamperfekt mit den Personalformen Präs. /Prät. von „haben + Part. II" oder „sein + Part. II".

Neue Information: Einige Verben bilden **das Perfekt/Plusquamperfekt** mit den **Personalformen Präs. /Prät. von „haben + Infinitiv.** Dieser Infinitiv heißt **der Ersatzinfinitiv.**

Wir lernen: Die Verben „brauchen, -dürfen, -hören, -können, -lassen, -müssen, -sehen, -sollen, -wollen" bilden das Perfekt/Plusquamperfekt mit dem Präs. /Prät. von „haben" + Ersatzinfinitiv. !! Beachten Sie: **Der Satz muss aber schon einen Infinitiv haben.**

Beispiel: Ich **will** ihm **helfen** - Ich habe ihm **helfen wollen.**

Aufgabe 34: Transformieren Sie die folgenden Hauptsätze in das Perfekt: -Er muss viel lernen. – Wir dürfen in das Kino gehen. –Sie kann Klavier spielen. –Ich sehe ihn kommen. –Er soll mir helfen. –Sie will es versuchen. –Sie hören mich singen. –Du sollst nicht rauchen. –Sie lässt ihn bezahlen.

Merksätze zur Bildung von Perfekt/Plusquamperfekt

1. - Wir bilden das Perfekt und das Plusquamperfekt mit dem Part. II.
Zu 1. - Varianten: Die Verben „brauchen, dürfen, hören, können, lassen, müssen, sehen, sollen, wollen" bilden das Perfekt/Plusquamperfekt mit dem Ersatzinfinitiv.
!! Beachten Sie: Der Satz muss aber schon einen Infinitiv haben.
2. Wir bilden das Perfekt und das Plusquamperfekt mit den Personalformen Präs./Prät. von „haben".
3. Wir bilden das Perfekt und das Plusquamperfekt der intransitiven Verben der Bewegung sowie die Verben „sein, bleiben, werden" mit den Personalformen Präs./Prät. von „sein".

Futur I und Futur II

Neue Information: Zur Bildung der Zukunft gibt es zwei Verbformen: A: Es gibt das Futur I - B: Es gibt das Futur II.
Wir lernen: A: Wir bilden das Futur I mit den Personalformen Präsens von „werden" + Infinitiv.
Beispiel: 1. Pers. Sgl. Futur I von „finden": Ich werde finden. !! Beachten Sie:
Wir benutzen sehr oft das Präsens und nicht das Futur I. B: Wir bilden das Futur II mit den Personalformen Präsens von „werden" + Infinitiv Perfekt. Beispiel: 1. Pers. Sgl. Futur II von „finden":

Ich werde ihn gefunden haben. !! Beachten Sie: Wir benutzen das Futur II sehr selten.

Aufgabe 35: Schreiben und lesen Sie Futur I und Futur II der folgenden Verben: -Essen, -fragen, -versuchen.

Test 06

Aufgabe 1: Schreiben Sie von den folgenden Verben jeweils die 3. Pers. Präsens, Präteritum und Perfekt: Bitten, -verstehen, -können, -zerschneiden, -weggehen, -geben, -korrigieren, -aufstehen, -mieten, -vorbereiten.

Aufgabe 2: Schreiben Sie das Artikelwort und den Plural der folgenden Substantive: -Auge, -Haus, -Region, -Zehn, --Zahn, -Freundschaft, --Französin, -Bäckerei, -Personalform, Adjektiv.

Aufgabe 3: Bilden Sie mit den folgenden Wörtern Sätze. Schreiben Sie immer das Perfekt:
Dieser Koffer (Subjekt), gehören, mein Vater. –Ich (Subjekt), kaufen, eine Fahrkarte, meine Tochter. – Mein Bruder (Subjekt), erwarten, ich. –Er (Subjekt), schicken, ich, ein interessantes Buch. –Meine Freunde (Subjekt), gedenken, mein Geburtstag. – Ich (Subjekt), erhalten, viele Glückwünsche. –Viele Leute (Subjekt), gratulieren, ich. –Sie (Subjekt-Sgl.), zuhören, der Sänger.

Aufgabe 4: Transformieren Sie die folgenden Sätze in das Perfekt: -Er sitzt auf dem Stuhl. –Sie muss ihrem Vater einen Brief schreiben. –Ich fahre mit dem Bus in die Stadt. –Er fährt seinen Vater mit dem Auto in die Stadt. –Sein Vater bleibt in der Stadt.

Die Präpositionen

Übersicht über die Präpositionen

Wir wiederholen: Die Präpositionen sind eine Wortart. Eine Präposition + Objekt heißt **das Präpositionalobjekt.**
Neue Information: Die Präposition ist entscheidend für den Kasus des Objekts.
Wir lernen: Einige Präpositionen fordern einen Genitiv. Diese Präpositionen bilden mit dem Genitivobjekt ein **Präpositionalobjekt im Genitiv.** – Einige Präpositionen fordern einen Dativ. Diese Präpositionen bilden mit dem Dativobjekt ein **Präpositionalobjekt im Dativ.** –Einige Präpositionen fordern einen Akkusativ. Diese Präpositionen bilden mit dem Akkusativobjekt ein **Präpositionalobjekt im Akkusativ.** –Einige Präpositionen fordern einen Dativ **oder** einen Akkusativ. Diese Präpositionen bilden entweder ein **Präpositionalobjekt im Dativ –oder Akkusativ.** !! Beachten Sie: Es gibt temporale Präpositionen. Diese Präpositionen antworten auf die Frage „wann?" Sie fordern meistens einen Dativ.

Präpositionen mit dem Dativ

Wir wiederholen: Die Präpositionen sind entscheidend für den Kasus des Objekts.
Wir lernen: 1. - Einige Präpositionen fordern einen **Genitiv**. Beispiel: Wegen seiner Krankheit muss er in ein Krankenhaus. **Folgende Präpositionen fordern einen Genitiv:** -(An)statt, -aufgrund, -außerhalb, -bezüglich, -entlang, -infolge, -innerhalb, -mangels, -oberhalb, -trotz, -unterhalb, -während, -wegen. 2. - Einige Präpositionen fordern einen **Dativ**. Beispiel: Wir gehen mit unseren Kindern spazieren. **Folgende Präpositionen fordern einen Dativ:**, Ab, --aus, --außer, -bei, -bis zu, -entsprechend, -gegenüber, -mit, --nach, -von, -zu, -zwischen. **Folgende Präpositionen können wir mit dem Artikelwort zusammenschreiben:** Bei dem = beim, -von dem = vom, -zu dem = zum, -zu der = zur.

Präpositionen mit dem Akkusativ.

Wir lernen: Einige Präpositionen fordern einen **Akkusativ**. Diese Präpositionen bilden mit dem Substantiv ein **Präpositionalobjekt im Akkusativ**. Beispiel: Ich kaufe für meine Frau Blumen. **Folgende Präpositionen fordern einen Akkusativ:** Durch, -entlang, -für, -gegen, -ohne, -um. **Folgende Präpositionen können wir mit dem Artikelwort zusammenschreiben:** Durch das = durchs, --für das = fürs, -gegen das = gegens, -um das= ums.

Präpositionen mit dem Dativ oder dem Akkusativ.

Wir lernen: Einige Präpositionen fordern einen Dativ **oder** Akkusativ. Diese Präpositionen können also ein **Präpositionalobjekt im Dativ** oder ein **Präpositionalobjekt im Akkusativ** bilden. **A. - Bei einer Bewegung** fordert die Präposition einen Akkusativ. Beispiel: Ich gehe in das Zimmer. **B. – Ohne Bewegung** fordert die Präposition einen Dativ. Beispiel: Ich sitze in dem Zimmer. **Folgende Präpositionen fordern einen Dativ oder einen Akkusativ:** An, -auf, -hinter, -in, -neben, -über, -unter, -vor, -zwischen. **Folgende Präpositionen können wir mit dem Artikelwort zusammenschreiben:** An das = ans, --an dem = am, --auf das = aufs, -hinter das= hinters, -hinter dem = hinterm, -in das = ins, --in dem= im, -neben das = nebens, -über das = übers, -über dem = überm, -unter das = unters, -unter dem = unterm, -vor das = vors, -vor dem = vorm.

Aufgabe 36: Schreiben Sie das fehlende Artikelwort: -Wir gehen in------- Stadt. –Sie tanzt auf ----- Straße. –Das Auto steht vor ---- Haus. –Sie fährt das Auto hinter ---- Haus. –Ich fahre an ---- Meer. –Ich wohne in ---- Hotel „Zur Sonne". –Er arbeitet in ---- Nacht. –Wir setzen uns an ---- Tisch. –Der Tisch steht in --- Ecke. –Er hängt seinen Mantel in ---- Schrank. –Ich setze mich neben ----Eltern. – Das Foto meiner Eltern hängt an ---- Wand. –Er kommt aus ---- Stadt Aachen. –Die Studenten wollen zu ---- Konzert gehen. –Nach ---- Tod erbte seine Tochter das Haus. –Er stößt mit ---- Fahrradfahrer zusammen. –Ich habe außer --- Motorrad noch ein Auto. –Peter kauft sich statt ---- Motorrads ein Auto. –Vor ---- Ampel bleibt er stehen. –Wir müssen durch ---- Stadt und um --- Park fahren. –Sie interessiert sich für ---- Musik. –Er hat große Probleme wegen ---- Lärms. –Wir essen ohne ---- Kinder. –Er starb in ---- Jahr 1972. –Ich kenne ihn seit --- Jahr 2000.

Fragewörter für Präpositionalobjekte mit Personen.

Wir wiederholen: Es gibt für jeden Kasus eine Fragewort. Es gibt also auch für jedes Objekt ein Fragewort.
Neue Information: Es gibt **für jedes Präpositionalobjekt ein Fragewort**.
Wir lernen: Für die Präpositionalobjekte gibt es zwei Gruppen Fragewörter: 1. - Fragewörter für Präpositionalobjekte mit Personen. 2. - Fragewörter für Präpositionalobjekte mit Sachen. Zu **1. - Wir bilden die Fragewörter für Präpositionalobjekte mit Personen:** Wir schreiben bei den Fragewörtern für Präpositionalobjekte mit Personen die Präposition vor das Fragewort. <u>Beispiel:</u> Er kauft ein Geschenk **für seinen Freund.** Fragewort: **Für** wen kauft er ein Geschenk?
Aufgabe 37: Fragen Sie nach den Präpositionalobjekten: –Sie spricht mit dem Lehrer. –Der Luftballon schwebt über dem Kind. –Er erhält einen Brief von seiner Schwester. –Ich bezahle für meine

Freundin. –Wir kaufen Geschenke für unsere Kinder. –Er fährt ohne seine Eltern.

Fragewörter für Präpositionalobjekte mit Sachen.

Wir wiederholen: Es gibt zwei Gruppen Fragewörter für die Präpositionalobjekte: 1. - Fragewörter für Präpositionalobjekte mit Personen. 2. - Fragewörter für Präpositional -objekte mit Sachen.

Wir lernen: Wir bilden **die Fragewörter für Präpositionalobjekte mit Sachen.** : Wir schreiben diese Fragewörter mit „wo" + Präposition. Beispiel: Ich kaufe es **für meine Prüfung.** Frage: **Wofür** kaufe ich es?

Neue Information: Beginnt die Präposition mit einem Vokal, dann schreiben wir „wo + phonetisches –r + Präposition". Beispiel: Er spricht über die Grammatik. Frage: **Worüber** spricht er?

Aufgabe 38: Fragen Sie nach den Präpositionalobjekten: -Ich bin von diesem Buch begeistert. –Sie fährt täglich mit dem Bus. –Unser Schulsystem ist von dem deutschen Schulsystem sehr verschieden. –Er dankt mir für die Glückwünsche. –Ich warte auf wichtige Informationen. —Wir haben uns gut auf unsere Prüfung vorbereitet.

Präpositionen mit Personalpronomen.

Wir wiederholen: Wir können ein Substantiv durch ein Personalpronomen ersetzen.

Wir lernen: Wir können 1. - ein Präpositionalobjekt mit Personen durch eine Präposition + Personalpronomen ersetzen. <u>Beispiel:</u> Ich **spreche mit dem Lehrer** = Ich spreche **mit ihm**. . . . 2. - ein Präpositionalobjekt mit Sachen durch „da + Präposition" ersetzen. <u>Beispiel:</u> Ich fahre **mit dem Bus** = Ich fahre **damit**. Diese Kombination heißt das **Pronominaladverb**.

Neue Information: Beginnt die Präposition mit einem Vokal, dann schreiben wir „da +phonetisches –r + Präposition". <u>Beispiel:</u> Der Bus fährt **über die Brücke** = Der Bus fährt **darüber**.

Aufgabe 39: Transformieren Sie die Substantive der folgenden Präpositionalobjekte in Personalpronomen + Präposition bzw. in ein Pronominaladverb: -Sie spricht mit dem Lehrer. –Ich bin von diesem Buch begeistert. –Ich fahre zu meinen Eltern. –Sie fährt täglich mit dem Bus. –Er erhält einen Brief von seiner Schwester. –Unser Schulsystem ist von dem deutschen Schulsystem sehr verschieden. –Ich bezahle für meine Freundin. –Er dankt mir für die Glückwünsche. –Wir kaufen Geschenke für unsere Kinder. –Ich warte auf wichtige Informationen. –Er fährt ohne seine Eltern, -Wir haben uns gut auf unsere Prüfung vorbereitet.

Test 07

Aufgabe 1: Schreiben Sie von den folgenden Verben jeweils die 3. Pers. Präsens, Präteritum und Perfekt: -Beten, -bitten, -<u>an</u>bieten, -baden, --schaden, -<u>weg</u>legen, -liegen, -bezahlen, -streiten.

Aufgabe 2: Schreiben Sie die fehlenden Artikelwörter: -Er setzt sich auf ---- Bett. –In ----Nacht will er in ----Stadt fahren. –Ali kommt aus ----Iran. –Gehst du zu ----Universität? -Nach---- Unterricht fahre ich an ----Meer. –Köln liegt östlich ---- Stadt Aachen. –Mein Freund hat außer ----Motorrad noch ----Auto. –Ich kaufe mir von ----Freund ---- Schrank.

Aufgabe 3a: Schreiben Sie die fehlenden Artikelwörter: -Ich sitze auf…. Stuhl. –Er schreibt an----Vater. –Sie fährt mit----Bus. –Wir freuen uns auf----Ferien. –Sie fährt zu ----Eltern. –Die Schüler sitzen vor ----Lehrer. –Sie diskutieren mit----Lehrer. –Ich fahre gegen----Mauer.

Aufgabe 3b: Ersetzen Sie die Substantive durch Personalpronomen.

Aufgabe 4: Transformieren Sie die folgenden Sätze in das Perfekt: –Mein Freund kommt am Bahnhof an. –Ich erwarte ihn am Bahnhof. -Mein Freund will an der Universität studieren. –Wir trinken in einem Café Kaffee. –Die Kellnerin bringt uns den Kaffee. –Dann gehen wir in meine Wohnung. –Ich zeige meinem Freund die Stadt. –Mein Freund muss an seine Eltern schreiben.

Der Satz: Der Hauptsatz

Wir wiederholen: Wir können mit den Wörtern der einzelnen Wortgruppen einen Satz bilden.
Neue Information: Es gibt Hauptsätze und Nebensätze. !! Beachten Sie: Der Nebensatz ist ein Satzteil des Hauptsatzes.
Wir lernen: In einem Hauptsatz haben -1. **die Personalform, -2. der Verbzusatz, -3. das Partizip II und der Ersatzinfinitiv, -4. der Infinitiv und - 5. die Hauptsatzkonjunktion** eine bestimmte Position. **Die Regeln für diese Positionen: Zu1. :** Die Personalform ist in einem Hauptsatz Satzteil 2. Beispiel: Ich **frage** ihn. **Zu 2. :** Wir schreiben den Verbzusatz an das Ende des Hauptsatzes . Beispiel: Er kommt am Bahnhof **an. Zu 3. :** Wir schreiben das Partizip II und den Ersatzinfinitiv an das Ende des Hauptsatzes. Beispiel: Ich habe ihn **gefragt.** - Ich habe ihn fragen **wollen. Zu 4. :** Wir schreiben den Infinitiv an das Ende des Hauptsatzes. Beispiel: Ich werde ihn **besuchen. Zu 5. :** Wir schreiben die Hauptsatzkonjunktion an den Anfang des 2. Hauptsatzes. BeispieL: Ich singe**, und** sie tanzt.
Aufgabe 40a: Bilden Sie mit den folgenden Wörtern jeweils einen Hauptsatz im Präsens: -Er (Subjekt), sein Kaffee, trinken. –Ich (Subjekt), meine Miete, bezahlen. –Wir (Subjekt), in das Kino gehen, dürfen. –Wir (Subjekt), zu , meine Eltern, abfahren. –Sie (Subjekt ,Sgl.), ihr Freund, erwarten. –Er (Subjekt),, mein Buch, zurückgeben. –Ich (Subjekt), er, kommen, sehen. –Sie (Subjekt. -Sgl.), ihr Sohn, das Buch, vorlesen. –Sie (Subjekt- Pl.), ich, singen,

hören. – Wir (Subjekt), unsere Eltern, bei, die Gartenarbeit, helfen.

Aufgabe 40b: Transformieren Sie Ihre Sätze in das Perfekt.

Hauptsatzvarianten

Wir wiederholen: In einem Hauptsatz ist die Personalform Satzteil 2.

Wir lernen: -1. In einem **Fragehauptsatz ohne Fragewort ist die Personalform Satzteil 1.** Beispiel: **Sucht** er sein Buch? -2. In einem **Hauptsatz mit einer Imperativ-Personalform** ist **die Personalform Satzteil 1.** Beispiel: **Trink** die Milch !

Aufgabe 41a: Transformieren Sie die folgenden Hauptsätze in Fragehauptsätze ohne Fragewort: -Du holst deine Tochter ab. –Er schreibt seinem Freund einen Brief. –Sie ruft ihre Eltern an. –Die Rakete fliegt 27000 km in der Stunde. –Der Weltraumflug hat der Menschheit großen Nutzen gebracht. –Mit kleinen Mengen Uran kann man sehr viel Energie gewinnen.

Aufgabe 41b: Schreiben Sie mit den folgenden Wörtern Hauptsätze mit Imperativ- Personalformen: -Ein Brief, euer Freund, schreiben (Imp. Pl.). –Dein Freund, helfen (Imp. Sgl.). -Eure Eltern anrufen (Imp. Pl.). –Deine Prüfung, sich vorbereiten auf (Imp. Sgl.).

-Leise sein (Imp. Pl.). -Das Buch, zurückgeben (Imp. Sgl.).

Die Hauptsatzkonjunktionen

Neue Information: Wir können 2 Hauptsätze durch ein Wort verbinden. Dieses Wort heißt **die Konjunktion.**

Wir lernen: Es gibt für die Verbindung von 2 Hauptsätzen folgende **Hauptsatzkonjunktionen:**
„-aber,/jedoch, -denn/nämlich, -oder, -sondern, -und. "

Beispiele: Er hustet, aber er ist nicht krank = das Gegenteil . -Er hustet nicht, sondern er atmet laut = der 1. Satz ist negativ. –Er hustet, denn er ist krank = die Ursache. –Er singt, oder er spielt Klavier = die Alternative. -Er singt oder spielt Klavier = die Subjekte sind gleich, deshalb schreiben wir kein Komma. –Er spielt Klavier, und er singt / Er spielt nicht nur Klavier, sondern er singt auch = gleichzeitig. –Er spielt Klavier und singt = die Subjekte sind gleich, deshalb schreiben wir kein Komma. -

Merksätze zur Struktur der Hauptsätze

-1. In einem Hauptsatz ist die Personalform Satzteil 2.
!! Beachten Sie : In einem Fragehauptsatz ohne Fragewort und in einem Hauptsatz mit einer Imperativ-Personalform ist die Personalform Satzteil 1.
-2. In einem Hauptsatz stehen das Partizip II, der Infinitiv und der Verbzusatz am Ende.

!! Beachten Sie die Position der Hauptsatzkonjunktionen.

Test 08

Aufgabe 1: Schreiben Sie von den folgenden Infinitiven jeweils die 3. Pers. Sgl. Präsens, Präteritum und Perfekt: -sein, -entdecken, -weggehen, -bringen, -einschlafen, -pfeifen, -verbrennen, -leiden, -analysieren, -werden.

Aufgabe 2a: Bilden Sie mit den folgenden Wörtern Hauptsätze im Präsens: -Dieser Koffer (Subjekt), gehören, der Lehrer. –Ich (Subjekt), verkaufen, das Haus, meine Tochter. –Wir (Subjekt), zuhören, der Vater. –Mein Bruder (Subjekt), helfen, sein Freund. . –Ich (Subjekt),, gratulieren, mein Freund. –Sie (Subjekt-Sgl.), gedenken, ihre Tante.

Aufgabe 2b: Transformieren Sie Ihre Sätze ins Perfekt.

Aufgabe 3a: Schreiben Sie ohne Substantive: -Die Chinesin schliesst die Tür. –Der Freund hilft seinem Freund. –Die Schülerinnen singen dem Lehrer ein Lied. –Der Student trägt der Frau die Tasche. – Die Ausländer lernen die deutsche Sprache.

Aufgabe 3b: Transformieren Sie Ihre Sätze ins Perfekt.

Aufgabe 4a: Verbinden Sie die beiden Hauptsätze durch eine Konjunktion: -Meine Freundin singt. Meine Freundin tanzt (=gleichzeitig. Schreiben Sie den Satz auch mit „nicht nur, sondern auch…"). – Ich singe. Ich tanze. (=alternativ). –Ich fahre nicht

in die Stadt. Ich lerne = das Gegenteil mit negativem 1. Satz).
Aufgabe 4b: Schreiben Sie Ihre Sätze ohne das 2. Subjekt.

Der Satz: Der Nebensatz

Wir wiederholen: Der Nebensatz ist ein Satzteil des Hauptsatzes.
Wir lernen: In einem Nebensatz haben sowohl die Personalform als auch die Nebensatzkonjunktion eine bestimmte Position. **Die Regeln für die Position dieser Satzteile: 1. - Die Personalform:** Wir schreiben die Personalform **an das Ende des Satzes**. Beispiel: Ich
trinke, weil ich Durst **habe. 2. - Die Nebensatzkonjunktion:** Wir schreiben die Nebensatzkonjunktion **an den Anfang des Nebensatzes**. Beispiel: Ich trinke, **weil** ich Durst habe. !!Beachten Sie: Wir schreiben zwischen Hauptsatz und Nebensatz ein Komma.
Der **Nebensatz kann Satzteil 1 des Hauptsatzes** sein. Beispiel: Weil ich Durst habe**, trinke** ich. !!Beachten Sie: Der Nebensatz ist Satzteil 1 des Hauptsatzes, denn die Personalform des Hauptsatzes schreiben wir als Satzteil 2.

Temporale Nebensätze

Neue Information: Die Nebensatzkonjunktionen "wenn, als, während" antworten auf die Frage „wann?". Diese Konjunktionen heißen **temporale Nebensatzkonjunktionen** = Wir fragen „Wann? " <u>Beispiel:</u> „Ich singe ein Lied, während ich das Mittagessen koche". Wann singe ich ein Lied? Während ich das Mittagessen koche. <u>!!! Beachten Sie:</u> Wir schreiben die Nebensatzkonjunktion „wenn" im Präsens, in der Vergangenheit schreiben wir die Nebensatzkonjunktion „als". <u>Beispiel Gegenwart:</u> Die Mutter bringt ihr Kind ins Bett, wenn es 20. 00 Uhr ist. <u>Beispiel Vergangenheit:</u> Die Mutter brachte ihr Kind ins Bett, als es 20. 00 Uhr war.

Aufgabe 42: Transformieren Sie den 2. Satz jeweils in einen Nebensatz mit „während": - Peter kauft die Fahrkarten. Paul erkundigt sich nach der Abfahrtzeit des Zuges. - Ich bereite mich auf die Prüfung vor. Mein Freund geht ins Kino. - Die Fluggäste schnallen sich an. Das Flugzeug rollt zur Startbahn. - Der Pilot studiert die Wetterkarte. Der Bordingenieur kontrolliert die Instrumente. – Paula stellt die Blumen auf den Tisch. Petra holt das Geschirr. -Es schneit. Wir sitzen im warmen Zimmer.

Varianten der temporalen Nebensätze

Wir wiederholen: Wir schreiben in einem Nebensatz die Konjunktion an den Anfang des Nebensatzes, wir schreiben die Personalform an das Ende des Nebensatzes.

Wir lernen: Wir können einen temporalen Nebensatz mit „wenn" ohne Konjunktion schreiben. Beispiel: Wenn es 20. 00 Uhr ist, bringt die Mutter ihr Kind ins Bett. = Ist es 20. 00 Uhr, bringt die Mutter ihr Kind ins Bett. !!! Beachten Sie: Wir schreiben den **Nebensatz ohne die Konjunktion „wenn" immer als Satzteil 1**. !!!Beachten Sie: Wenn wir die Konjunktion „wenn" **mit dem Wort „immer"** schreiben , dann ändern wir in der Vergangenheit die Konjunktion „ **wenn** „ **nicht in „als"**. Beispiel: **Immer wenn** es 20. 00 Uhr **war,** brachte die Mutter ihr Kind ins Bett.

Aufgabe 43a: Antworten Sie auf die Frage „wann?" mit dem zweiten Satz: Wann gehe ich zum Zahnarzt? Ich habe Zahnschmerzen. –Wann bleiben wir zu Hause? Es regnet. –Wann fährt sie zu ihren Eltern? Sie hat Ferien. –Wann kommt er aus den Ferien zurück? Das Semester beginnt. –Wann entlässt man viele Arbeiter? Es gibt nicht genügend Arbeit.

Aufgabe 43b: Bilden Sie mit den Wörtern Sätze. Antworten Sie mit diesen Sätzen auf die Fragen mit „wann?": Wann verschloss man früher immer die Stadttore? Es, abends, dunkel, werden. –Wann brachen früher immer Seuchen aus? Krieg herrschen. –Wann mussten sogar Kinder arbeiten? In Deutschland, die Industrialisierung, beginnen. – Wann mussten die *Kaufleute in Deutschland Zollgrenzen passieren? Sie, vor 300 Jahren, von* Hamburg nach München, fahren. –Wann wanderten die Menschen von Europa nach Amerika aus? Man, sie, aus religiösen oder politischen Gründen, verfolgen.

Frage-Nebensätze

Wir wiederholen: Es gibt Fragehauptsätze mit einem Fragewort, es gibt Fragehauptsätze ohne Fragewort.
Neue Information: Wir können einen Fragehauptsatz in einen Fragenebensatz transformieren.
Wir lernen: Es **gibt A: Fragenebensätze mit einem Fragewort**, B: es gibt **Fragenebensätze ohne Fragewort**. !!! Beachten Sie: Der Fragenebensatz hat kein Fragezeichen. **Zu A**: Der Fragenebensatz mit einem Fragewort hat das **Fragewort als Konjunktion**. Beispiel: Ich frage: Warum ist Peter mit dem Lehrbuch unzufrieden? –Ich frage, warum Peter mit dem Lehrbuch unzufrieden ist. **Zu B**: Der Fragenebensatz ohne Fragewort hat die Nebensatzkonjunktion „ob". Beispiel: Ich frage: Ist Peter mit dem Lehrbuch unzufrieden? –Ich frage, ob Peter mit dem Lehrbuch unzufrieden ist.

Aufgabe 44: Transformieren Sie die folgenden Fragehauptsätze in Fragenebensätze mit dem Hauptsatz „Ich frage,.... ". : Warum gibt es Probleme an den Hochschulen? -Womit ist Peter unzufrieden? -Warum entlässt man die Arbeiter? -Kommt er heute zum Mittag -essen? -Mit wem hat sie gesprochen? -Von wem hat er einen Brief erhalten? Hat er seine Prüfung bestanden?-Um wie viel Uhr fahren wir ab? -Konnte man die Herkunft des Geldes eindeutig bestimmen?

Merksätze zur Struktur der Nebensätze

1. - In einem Nebensatz steht die Personalform am Ende
des Satzes.
Zu 1. - Variante: In einem Nebensatz ohne die Konjunktionen „wenn/als" steht die Personalform am Anfang des Nebensatzes.
2. In einem Nebensatz steht die Konjunktion am Anfang.

Test 09

Aufgabe 1: Schreiben Sie von den folgenden Verben jeweils die 3. Pers. Sgl. Präsens, Präteritum und Perfekt: V̲orbereiten, -korrigieren, -besuchen, -wollen, -gefallen, -reiten, -a̲bfahren, -a̲nkommen, -erfinden, -fallen.

Aufgabe 2: Schreiben Sie das Artikelwort und den Plural der folgenden Substantive: -Wissenschaft, -Krankheit, -Biologe, -Lösung, -Möglichkeit, -Zwei, -Fleischerei, --Problem, -Nacht, -Pilot.

Aufgabe 3a: Schreiben Sie Sätze im Perfekt: Warum, der Lehrer (Subjekt), öffnen, die Fenster? -Die Mutter (Subjekt), schicken, der Sohn, das Geld. – Ich (Subjekt), helfen, meine Mutter. –Er (Subjekt), gedenken, mein Geburtstag. –Wir (Subjekt), singen, meine Schwester, ein Lied.

Aufgabe 3b: Bilden Sie mit Ihren Sätzen Fragenebensätze zu dem Hauptsatz „Ich frage, ... ".

Aufgabe 4: Transformieren Sie die folgenden Sätze in das Perfekt: Mein Freund Peter ist krank. –Er öffnet mir nicht die Tür. –Deshalb muss ich zu seinen Eltern gehen. –Aber die Eltern wollen wegfahren. –Ich gehe also zu meinem Freund zurück. – Ich fahre ihn in das Krankenhaus.

Transformation von Hauptsätzen mit einem Signalwort in Hauptsatz und Nebensatz

Neue Information: In einem von 2 Hauptsätzen macht manchmal ein Signalwort darauf aufmerksam, dass man einen der beiden Hauptsätze in einen Nebensatz transformieren kann. !!! Beachten Sie: **Der Satz mit dem Signalwort bleibt Hauptsatz.**

Wir lernen: Die Bedeutung der beiden Hauptsätze und die Bedeutung von Hauptsatz und Nebensatz ist gleich = die beiden Hauptsätze und der Hauptsatz mit Nebensatz sind semantisch äquivalent.

Beispiel: Er ist krank. **Deshalb** kommt er nicht = Er kommt nicht, **weil** er krank ist.

Transformation von Hauptsätzen mit dem Signalwort „deshalb/darum/deswegen" in einen Hauptsatz und einen Nebensatz mit „weil": Transformationsalgorithmus

---

Wir lernen: Der Hauptsatz mit dem **Signalwort „deshalb/deswegen/darum"** weist auf den Nebensatz mit **„weil"**.

Transformationsalgorithmus

Beispiel: Er ist krank. Deshalb kommt er nicht.
1. - Der Satz mit dem Signalwort bleibt Hauptsatz, wir schreiben nicht das Signalwort: <u>-Er kommt nicht-</u>
2. Wir transformieren den Hauptsatz ohne Signalwort in einen Nebensatz mit „weil", wir schreiben die Nebensatzkonjunktion an den Anfang des Nebensatzes, wir schreiben die Personalform an das Nebensatzende: <u>-weil er krank ist.</u>
3. Wir schreiben alle anderen Satzteile unverändert in den
Nebensatz.
Transformat: Er kommt nicht, weil er krank ist.
"

Aufgabe 45: Transformieren Sie die beiden Hauptsätze jeweils in einen Hauptsatz und einen Nebensatz: -Die Hochschulen reagieren auf die neue politische Situation. Deshalb sind die Probleme gewachsen. –Peter ist mit dem Lehrbuch nicht zufrieden. Deswegen bereitet er sich mithilfe seiner eigenen Notizen auf die Prüfung vor. –Jedes Land hat ein anderes Schulsystem. Darum hat jeder ausländische Student andere Lerngewohnheiten. – Ibrahims Heimatland ist eine englische Kolonie gewesen. Deshalb spricht er gut Englisch. –Man hat das Werk stilgelegt. Deswegen hat man die Arbeiter entlassen.

Transformation von Hauptsätzen mit dem Signalwort „trotzdem/dennoch" in einen Hauptsatz und einen Nebensatz mit „obwohl/obgleich/obschon/dennoch": Transformationsalgorithmus.

Wir lernen: Der Hauptsatz mit dem **Signalwort** „trotzdem" weist auf den Nebensatz mit „obwohl/obgleich/obschon".

Transformationsalgorithmus

Beispiel: Es regnet. Trotzdem geht er spazieren.
1. - Der Satz mit dem Signalwort bleibt Hauptsatz, wir schreiben nicht das Signalwort: <u>Er geht spazieren-</u>
2. Wir transformieren den Hauptsatz ohne Signalwort in einen Nebensatz mit „obwohl/obgleich/obschon", wir schreiben die Nebensatzkonjunktion an den Anfang des Nebensatzes, wir schreiben die Personalform an das Nebensatzende: <u>-obwohl es regnet.</u>
3. Wir schreiben alle anderen Satzteile unverändert in den Nebensatz.

Transformat: Obwohl es regnet, geht er spazieren.

Aufgabe 46: Transformieren Sie die beiden Hauptsätze jeweils in einen Hauptsatz und einen Nebensatz: –Er hat Fieber. Trotzdem geht er zum Deutschunterricht. –Es regnet stark. Dennoch spielt er Fussball. –Mein Freund und seine Frau haben 4 Kinder. Trotzdem arbeitet seine Frau halbtags. –Peter findet viele seiner Kommilitonen sympathisch. Trotzdem hat er nur wenig Kontakt mit ihnen. –Das Lehrbuch ist leicht verständlich. Dennoch ist Paul von dem Lehrbuch nicht begeistert.

Transformation von Hauptsätzen mit dem Signalwort „vorher" in einen Hauptsatz und einen Nebensatz mit „bevor": Transformationsalgorithmus.

Wir lernen: Der Hauptsatz mit dem **Signalwort** „vorher" weist auf den Nebensatz mit „bevor".

Transformationsalgorithmus

Beispiel: Peter und Paul fahren zu ihren Eltern. Vorher verabschieden sie sich von ihren Freunden.

1. - Der Satz mit dem Signalwort bleibt Hauptsatz, wir schreiben nicht das Signalwort: <u>Peter und Paul</u> verabschieden sich von ihren Freunden.

2. Wir transformieren den Hauptsatz ohne Signalwort in einen Nebensatz mit „bevor" wir schreiben die Nebensatzkonjunktion an den Anfang des Nebensatzes, wir schreiben die Personalform an das Nebensatzende: bevor sie zu ihren Eltern fahren.

3. Wir schreiben alle anderen Satzteile unverändert in den Nebensatz.

Transformat: Peter und Paul verabschieden sich von ihren Freunden, bevor sie zu ihren Eltern fahren.

Aufgabe 47: Transformieren Sie die beiden Hauptsätze jeweils in einen Hauptsatz und einen Nebensatz: -Er steigt in den Zug. Vorher kauft er sich eine Fahrkarte. –Ich esse einen Apfel. Vorher wasche ich ihn. –Wir besuchen unsere kranke Mutter. Vorher kaufen wir einen Blumenstrauß. –Peter fährt mit seinem Auto nach Italien. Vorher überprüft er sein Auto sorgfältig. . –In vielen Geschäften installiert man Überwachungskameras. Vorher gab es viele Diebstähle.

Transformation von Hauptsätzen mit dem Signalwort „danach/dann/ darauf(hin)" in einen Hauptsatz und einen Nebensatz mit „nachdem": Transformationsalgorithmus.

Wir lernen: Der Hauptsatz mit dem **Signalwort** „danach/dann/darauf hin" weist auf den Nebensatz mit **„nachdem"**.

Transformationsalgorithmus

Beispiel: Peter und Paul verabschieden sich von ihren Freunden. Danach fahren sie zu ihren Eltern.

1. - Der Satz mit dem Signalwort bleibt Hauptsatz, wir schreiben nicht das Signalwort: <u>Peter und Paul</u> fahren zu ihren Eltern.

2. Wir transformieren den Hauptsatz ohne Signalwort in einen Nebensatz mit „nachdem", wir schreiben die Nebensatzkonjunktion an den Anfang des Nebensatzes, wir schreiben die Personalform an das Nebensatzende: nachdem sie sich verabschiedet haben.

3. Wir schreiben alle anderen Satzteile unverändert in den Nebensatz: <u>von ihren Freunden.</u>

Transformat: Peter und Paul fahren zu ihren Eltern, nachdem sie sich von ihren Eltern verabschiedet haben.

!!! Beachten Sie: Die **Zeit der Personalform des Hauptsatzes** ist entscheidend für die Zeit der Personalform des Nebensatzes mit „nachdem". Wir lernen: Zeit im **Hauptsatz: Präsens** -Zeit im **Nebensatz: Perfekt**. - Zeit im **Hauptsatz: Präteritum oder Perfekt**. –Zeit im **Nebensatz: Plusquamperfekt**.

Aufgabe 48: Transformieren Sie die folgenden Hauptsätze jeweils in einen Hauptsatz und einen Nebensatz: -Er kauft eine Fahrkarte. Danach steigt er in den Zug. –Ich wasche einen Apfel. Dann esse ich ihn. –Sie hat ihren Brief in den Briefumschlag gesteckt. Dann hat sie ihn zum Briefkasten gebracht. –Wir kauften einen Blumenstrauß. Dann gingen wir unsere kranke Mutter besuchen. –Peter hat sein Auto sorgfältig überprüft. Danach fährt er mit seinem Auto nach Italien. –Es hat in den Geschäften viele Diebstähle gegeben. Daraufhin hat man Überwachungskameras eingebaut. –Der Autofahrer ist ohne Unterbrechung acht Stunden gefahren. Dann machte er eine lange Pause. –Der Autofahrer frühstückte lange und ausgiebig. Danach setzte er seine Autofahrt fort.

Transformation von Hauptsätzen mit dem Signalwort „stattdessen" in einen Hauptsatz und einen Nebensatz mit „(an)statt dass": Transformationsalgorithmus.

Wir lernen: Der Hauptsatz mit dem **Signalwort „stattdessen"** weist auf den Nebensatz mit **„(an)statt dass"**.

Transformationsalgorithmus

Beispiel: Er studiert nicht in Köln, stattdessen studiert er in Berlin.
1. - Der Satz mit dem Signalwort bleibt Hauptsatz,
!!!Beachten Sie: der negative Satz wird positiv.
Wir schreiben nicht das Signalwort: Er studiert in Berlin.

2. Wir transformieren den Hauptsatz ohne Signalwort in einen Nebensatz mit „(an)statt dass", wir schreiben die Nebensatzkonjunktion an den Anfang des Nebensatzes, wir schreiben die Personalform an das Nebensatzende: statt dass er in Köln studiert.
3. Wir schreiben alle anderen Satzteile unverändert in den Nebensatz.
Transformat: Er studiert in Berlin, statt dass er in Köln studiert.
Aufgabe 49: Transformieren Sie die folgenden Hauptsätze jeweils in einen Hauptsatz und einen Nebensatz: –Peter trinkt kein Bier. Stattdessen trinkt er Tee. –Sie heiratet Peter nicht. Stattdessen heiratet sie Paul. –Meine Schwester kam nicht zu uns. Stattdessen ging sie ins Kino. –Ich nahm nicht an der Prüfung teil. Stattdessen flog ich nach Florida. –Sie isst kein Fleisch. Stattdessen isst sie Gemüse.

Varianten der Transformation von Hauptsätzen mit einem Signalwort in einen Hauptsatz und einen Nebensatz.

Neue Information: Es gibt Varianten der Transformationsvoraussetzungen: **Der Satz mit dem Signalwort wird Nebensatz.**

Transformation von Hauptsätzen mit dem Signalwort „ohne – kein/nicht" in einen Haupt-

satz und einen Nebensatz mit „ohne dass":
Transformationsalgorithmus.

Wir lernen: Der Hauptsatz mit dem **Signalwort** „ohne –kein/nicht" weist auf den Nebensatz mit „ohne dass".
!!! Beachten Sie: Der Satz ohne Signalwort bleibt Hauptsatz.

Transformationsalgorithmus

Beispiel: Er kauft sich ein Auto. Er hat kein Geld.
1. - Der Satz ohne Signalwort bleibt Hauptsatz: Er kauft sich ein Auto.
2. Wir transformieren den Hauptsatz mit dem Signalwort in einen Nebensatz mit „ohne dass", wir schreiben nicht das Signalwort, wir schreiben die Nebensatzkonjunktion an den Anfang des Nebensatzes, wir schreiben die Personalform an das Nebensatzende: -ohne dass er Geld hat.
3. Wir schreiben alle anderen Satzteile unverändert in den Nebensatz.
Transformat: Er kauft sich ein Auto, ohne dass er Geld hat.
Aufgabe 50: Transformieren Sie die folgenden Hauptsätze jeweils in einen Hauptsatz und einen Nebensatz: -Der Ausländer steht zwischen seinen deutschen Kommilitonen. Er versteht ihre Unterhaltung nicht. –Das Wasser in unseren Städten ist für uns selbstverständlich. Die Probleme der Wasserversorgung kennen wir nicht. –Der Mensch be-

nutzt die Nukleartechnik. Die Risiken dieser Technik beachtet er nicht. –Viele Bäume sind durch die Abgase der Industrie krank. Die Menschen beachten dies nicht.

Transformation von Hauptsätzen mit dem Signalwort „sollen, wollen" in einen Hauptsatz und einen Nebensatz mit „damit": Transformationsalgorithmus.

Wir lernen: Der Hauptsatz mit dem **Signalwort „wollen, sollen"** weist auf den Nebensatz mit **„damit". !!! Beachten Sie: Der Satz** ohne **Signalwort bleibt Hauptsatz.**

Transformationsalgorithmus

Beispiel: Er geht heute früh schlafen. Er will morgen fit für seine Prüfung sein.
1. - Der Satz ohne **Signalwort bleibt Hauptsatz:**
Er geht heute früh schlafen.
2. Wir transformieren den Hauptsatz mit **dem Signalwort in einen Nebensatz mit „damit", wir schreiben nicht das Signalwort, wir schreiben die Nebensatzkonjunktion an den Anfang des Nebensatzes, wir schreiben die Personalform an das Nebensatzende: - damit er morgen fit für seine Prüfung ist.**
3. Wir schreiben alle anderen Satzteile in den Nebensatz.

Transformat: Er geht heute früh schlafen, damit er morgen fit für seine Prüfung ist.

Aufgabe 51: Transformieren Sie die folgenden Hauptsätze jeweils in einen Hauptsatz und einen Nebensatz: –Peter spricht mit Paula. Sie soll eine Party für alle Kursteilnehmer organisieren. –Paul telefoniert mit seinen Eltern. Sie sollen ihm Geld schicken. –Peter kauft 50 Lottolose. Er will endlich gewinnen. –Unsere Städte benötigen ständig viel Energie. Die Stadtbewohner wollen in ihren Wohnungen Licht und Wärme haben. –Viele Menschen protestieren gegen die Umweltpolitik der Regierung. Die Regierung soll ihre Politik ändern.

Merksätze zur Transformation eines Hauptsatzes mit Signalwort in einen Nebensatz
---

1. - In einem von zwei Hauptsätzen macht manchmal ein Signalwort darauf aufmerksam, dass man einen der beiden Hauptsätze in einen Nebensatz transformieren kann.
2. Der Hauptsatz mit dem Signalwort bleibt Hauptsatz.
!!! Beachten Sie die Variante: Der Hauptsatz ohne das Signalwort bleibt Hauptsatz
3. Wir schreiben das Signalwort nicht.
4. Wir schreiben die entsprechende Konjunktion an den Anfang des Nebensatzes, wir schreiben die Personalform an das Nebensatzende.

Test 10

Aufgabe 1: Schreiben Sie von den folgenden Verben jeweils die 3. Pers. Sgl. Präsens, Präteritum und Perfekt: Sitzen, -werden, -treffen, -korrigieren, -versprechen, -<u>auf</u>stehen, -<u>vor</u>lesen, -fallen, -zerfallen, -verkaufen.

Aufgabe 2a: Transformieren Sie in den folgenden Sätzen die Substantive in Personal -pronomen: Ich warte auf den Bus. –Ich will mit dem Lehrer sprechen. –Ich frage meinen Lehrer nach dem Resultat meines Examens. –Ich bekomme von meinem Lehrer ein Lob für das gute Resultat.

Aufgabe 2b: Transformieren Sie Ihre Sätze ins Perfekt.

Aufgabe 3: Transformieren Sie die beiden Hauptsätze jeweils in einen Hauptsatz und einen Nebensatz: Wir haben Elektrizität in unseren Wohnungen. Wir wollen unsere Wohnungen beleuchten und wärmen. –Ich höre Musik. Ich kenne nicht die Kompositionsregeln. –In den Städten gibt es große Wasserwerke. Die Menschen sollen genügend Wasser haben. –Das Wasser der Flüsse reinigen wir. Danach trinken wir das gereinigte Flusswasser. -Ich gehe zum Arzt. Ich bin nicht krank.

Aufgabe 4: Lesen Sie den folgenden Text: -Heiße Quellen sind gut gegen Rheuma. Deshalb gibt es in Aachen viele Badehäuser. Dort können kranke Menschen baden. Jedes Jahr kommen viele kranke Menschen nach Aachen. <u>Beantworten Sie die folgenden Fragen:</u> Gegen welche Krankheit sind heiße Quellen gut? -Wo können kranke Menschen in

Aachen baden? -Kommen viele kranke Menschen nach Aachen?

Transformation eines Nebensatzes in eine Infinitivstruktur.

Neue Information: Wir können manchmal **einen Nebensatz in eine Infinitivstruktur** transformieren. !!! **Beachten Sie: Hauptsatz und Nebensatz müssen das selbe Subjekt haben.**

Transformation eines Nebensatzes mit „(an)statt dass" in eine Infinitivstruktur: Transformationsalgorithmus.

Wir lernen: Hauptsatz und Nebensatz müssen **das selbe Subjekt** haben.

Transformationsalgorithmus

Beispiel: Er studiert in Berlin, (an)statt dass **er** in Köln studiert.
1. - Wir transformieren die Personalform des Nebensatzes in den Infinitiv, wir schreiben nicht das Subjekt des Nebensatzes, wir schreiben „zu" direkt vor den Infinitiv „studieren", wir schreiben „(an)statt" an den Anfang der Infinitivstruktur.
2. - Wir schreiben nicht die Nebensatzkonjunktion„(an)statt dass",

3. - **Wir schreiben alle anderen Satzteile des Nebensatzes die Infinitivstruktur.**
Transformat: Er studiert in Berlin, (an)statt in Köln zu studieren.
!!! Beachten Sie: Wir schreiben bei einem Verb mit Verbzusatz den Verbzusatz, „zu" und den Infinitiv in einem Wort. <u>**Beispiel:**</u> **anzukommen.**
Aufgabe 52: Transformieren Sie die folgenden Haupt- und Nebensätze jeweils in einen Hauptsatz mit einer Infinitivstruktur: Peter trinkt Bier, statt dass er Tee trinkt. –Sie heiratet Peter. statt dass sie Paul heiratet . –Meine Schwester kam zu uns , statt dass sie ins Kino ging. –Ich nahm an der Prüfung teil, statt dass ich nach Florida flog . –Sie isst Fleisch, statt dass sie Gemüse isst.

Transformation eines Nebensatzes mit „ohne dass" in eine Infinitivstruktur: Transformationsalgorithmus

Wir wiederholen: **Hauptsatz und Nebensatz** müssen **das selbe Subjekt** haben.

Transformationsalgorithmus

<u>**Beispiel:**</u> **Er** kauft ein Auto, ohne dass <u>er</u> Geld hat.
1. - Wir transformieren die Personalform des Nebensatzes in
 den Infinitiv, wir schreiben nicht das Subjekt des Nebensatzes, wir schreiben „zu" direkt vor

den Infinitiv „haben", wir schreiben „ohne" an den Anfang des Nebensatzes.

2. - Wir schreiben nicht die Nebensatzkonjunktion „ohne dass",

3. - Wir schreiben alle anderen Satzteile des Nebensatzes in die Infinitivstruktur.

Transformat: Er kauft ein Auto, ohne Geld zu haben.

!!! Beachten Sie: Wir schreiben bei einem Verb mit Verbzusatz den Verbzusatz, „zu" und den Infinitiv in einem Wort. Beispiel: anzukommen.

Aufgabe 53: Transformieren Sie die folgenden Haupt- und Nebensätze jeweils in einen Hauptsatz mit einer Infinitivstruktur: Der Ausländer steht zwischen seinen deutschen Kommilitonen, ohne dass er ihre Unterhaltung versteht. –Das Wasser ist manchmal trübe, ohne dass es uns aber schadet. – Der Mensch benutzt die Nukleartechnik, ohne dass er die Gefahren dieser Technik beachtet. –Bei einem Sturm fallen viele Bäume um, ohne dass sie aber krank sind.

Transformation eines Nebensatzes mit „damit" in eine Infinitivstruktur: Transformationsalgorithmus

Wir wiederholen: **Hauptsatz und Nebensatz müssen das selbe Subjekt** haben.

Transformationsalgorithmus

<u>Beispiel</u>: <u>Er</u> geht heute früh schlafen, damit <u>er</u> morgen fit für seine Prüfung ist.
1. - Wir transformieren die Personalform des Nebensatzes in den Infinitiv, wir schreiben nicht das Subjekt des Nebensatzes, wir schreiben „zu" direkt vor den Infinitiv „sein", wir schreiben „um" an den Anfang des Nebensatzes.
2. - Wir schreiben nicht die Nebensatzkonjunktion „damit".
3. - Wir schreiben alle anderen Satzteile des Nebensatzes in die Infinitivstruktur.

Transformat: Er geht heute früh schlafen, um morgen fit für seine Prüfung zu sein.

!!! Beachten Sie: Wir schreiben bei einem Verb mit Verbzusatz den Verbzusatz, „zu" und den Infinitiv in einem Wort. <u>Beispiel:</u> anzukommen.

Aufgabe 54: Transformieren Sie die folgenden Haupt- und Nebensätze jeweils in einen Hauptsatz mit einer Infinitivstruktur: Peter spricht mit Paula, damit er von ihr ein Buch bekommt. –Peter telefoniert mit seinen Eltern, damit er von ihnen Geld bekommt. –Paul kauft 50 Lottolose, damit er endlich gewinnt. –Unsere Städte benötigen viel Energie, damit sie Licht und Wärme haben. –Die Regierung beschließt ein Gesetz, damit sie ihre Umweltpolitik ändern kann.

Übersicht über die Signalwörter und die semantisch äquivalenten Nebensatz – konjunktionen und Infinitivstrukturen

Signalwort: Darum, deshalb, deswegen. = **Nebensatzkonjunktion:** Weil, da.
Signalwort: Dennoch, trotzdem. = **Nebensatzkonjunktion:** Obgleich, obschon, -obwohl, wenn gleich. **Signalwort:** Vorher. = **Nebensatzkonjunktion:** Bevor.
Signalwort: Danach, dann, darauf, nachher. = **Nebensatzkonjunktion:** Nachdem.
Signalwort: Nicht, kein. = **Nebensatzkonjunktion:** Ohne dass. = **Infinitivstruktur:** …,ohne …zu (Inf.). **Signalwort:** Sollen, wollen. = **Nebensatzkonjunktion:** Damit. =**Infinitivstruktur:** …,um…zu (Inf.). **Signalwort:** Stattdessen. = **Nebensatz- konjunktion:** (An)statt dass. = **Infinitivstruktur:** …,(an)statt…zu (Inf.).

Test 11

Aufgabe 1: Schreiben Sie von den folgenden Verben jeweils die 3. Pers. Sgl. Präsens, Präteritum und Perfekt: Erzeugen, -bestehen, -gewinnen, -pfeifen, -

stattfinden, -sein, -beobachten, -enthalten, -halten, -erkennen.

Aufgabe 2: Transformieren Sie die beiden Hauptsätze jeweils in einen Hauptsatz und einen Nebensatz: Früher zündeten die Menschen Petroleumlampen an. Sie wollten Licht in ihrem Haus haben. –Vor einigen Jahren lieferten die Batterien nur schwachen Strom. Deshalb hatten sie für den Antrieb von Maschinen zu wenig Energie. –Heute benutzt man die Atomkraft zur Energieerzeugung. Man denkt nicht an die Gefahren dieser Technik. – Man muss für umweltfreundliche Energiequellen Reklame machen. Die Industrie soll diese Energiequellen benutzen.

Aufgabe 3: Transformieren Sie die beiden Hauptsätze jeweils in einen Hauptsatz und in eine Infinitivstruktur: Mein Vater trinkt keinen Wein. Stattdessen trinkt er Tee. –Das Flusswasser reinigen wir in Reinigungsanlagen. Wir wollen das Flusswasser gereinigt trinken. –Die Menschen benutzen die Atomkraft zur Energieerzeugung. Sie denken nicht an die Gefahren dieser Technik. –Viele Fabriken benutzen nicht die Atomkraft zur Energieerzeugung. Stattdessen benutzen sie die Sonnenenergie.

Aufgabe 4: Beantworten Sie die folgenden Fragen in Hauptsätzen mit den Wörtern des folgenden Textes: –Aachen ist eine Badestadt, denn unter dem Stadtzentrum liegen heiße Quellen. Ihr Wasser ist 75 Grad Celsius heiß. In dem Wasser ist Schwefel (SO_2). --

Wie viele Quellen gibt es unter dem Stadtzentrum von Aachen? -Wie heiß ist das Wasser der Quellen? -Was enthält das Wasser?

Das attributive Adjektiv/Partizip I/Partizip II

Wir wiederholen: Die Adjektive sind eine Wortart.
Wir lernen: A. : Es gibt Adjektive /Partizipien I/Partizipien II bei einem Substantiv. Diese Kombination heißt **das Attribut.** Beispiele: Der **ausländische** Student,„-das **tanzende** Mädchen,/die **gesuchte** Vase. **B::** Es gibt Adjektive und Partizipien I bei einem Verb. Diese Kombination heißt **das Adverb.** Beispiele: Er lernt **fleißig.** Sie tanzt **singend.**
Aufgabe 55: Unterstreichen Sie in den folgenden Sätzen jeweils das attributive und das adverbiale Adjektiv/Partizip I/ Partizip II: -Die finnische Studentin. −Eine gesuchte Automarke ist Mercedes. −Die ausländischen Studenten lernen fleißig die deutsche Sprache. −Der deutsche Lehrer liest laut aus einem blauen Buch. −Mit geschlossenen Augen hört sie das traurige Lied. −Wie sehen laut schreiend das sinkende Schiff.

Die Attributendungen bei Artikelwörtern der Gruppe 1

Wir wiederholen: Das Attribut gehört zu einem Substantiv.

Wir lernen: Das attributive Adjektiv/Partizip I/Partizip II bei einem Substantiv mit einem **Artikelwort der Gruppe 1** hat im **Sgl. und im Plural die Endung „–en"**. Wir schreiben nur im **Nominativ Sgl. , bei Substantiven neutrum und femininum auch im Akk. Sgl. , die Endung „e"**.

Beispiel: Maskulinum: Der rote Wein, -des roten Weins, -dem roten Wein, -den roten Wein. –Die roten Weine, -der roten Weine, -den roten Weinen, -die roten Weine. Neutrum: Das geschlossene Fenster, -des geschlossenen Fensters, -dem geschlossenen Fenster, -das geschlossene Fenster. – Die geschlossenen Fenster, -der geschlossenen Fenster, -den geschlossenen Fenstern, -die geschlossenen Fenster. Femininum: Die fleißige Studentin, -der fleißigen Studentin, -der fleißigen Studentin, -der fleißigen Studentin, -die fleißige Studentin. –Die fleißigen Studentinnen, -der fleißigen Studentinnen, -den fleißigen Studentinnen, -die fleißigen Studentinnen.

Aufgabe 56: Schreiben Sie den Sgl. und den Plural von folgenden Wörtern: Der deutsch-- Lehrer, -das gekauft-- Buch, -die finnisch—Studentin, -das weinend-- Kind.

Die Attributendungen bei Artikelwörtern der Gruppe 2

Wir wiederholen: Das Attribut gehört zu einem Substantiv.

Wir lernen: Das attributive Adjektiv/Partizip I/Partizip II bei einem Substantiv **maskulinum** mit einem **Artikelwort der Gruppe 2** hat im Nominativ Sgl. die Endung „**-er**", bei einem Substantiv **neutrum** im **Sgl. Nominativ und Akkusativ die Endung „-es",** bei einem Substantiv **femininum** im **Sgl Nominativ und Akkusativ die Endung „-e"**. Alle anderen Endungen sind wie die Endungen bei einem Substantiv mit einem Artikelwort der Gruppe 1. Beispiele: Mask. : Ein klein**er** Fluss, eines klein**en** Flusses, einem klein**en** Fluss, einen klein**en** Fluss. Neutrum: –Kein groß**es** Problem, -keines groß**en** Problems, -keinem groß**en** Problem, -kein groß**es** Problem. –Keine groß**en** Probleme, -keiner groß**en** Probleme, -keinen groß**en** Problemen, -keine groß**en** Probleme. Femininum: Meine klein**e** Schwester, -meiner klein**en** Schwester, -meiner klein**en** Schwester, -meine klein**e** Schwester. –Meine klein**en** Schwestern, -meiner klein**en** Schwestern, -meinen klein**en** Schwestern, -meine klein**en** Schwestern.

Aufgabe 57: Schreiben Sie die fehlenden Endungen: Mein ausländisch--- Freund, -ein alltäglich-- Gespräch, -kein gut-- Geschäft, -ein geöffnet-- Fenster, -ein groß-- Land, -ein interessant-- Buch, -sein spanisch-- Kommilitone, -mein singend-- Sohn.

Algorithmus zur Bildung von attributiven Adjektiven /Partizipien I/Partizipien II bei Substantiven mit Artikelwörtern.

---

1. - Schreiben Sie im Nominativ Sgl. die Endung „-e".
2. Schreiben Sie bei Artikelwörtern der Gruppe 2 im Nominativ maskulinum die Endung „-er", im Nominativ und Akkusativ neutrum die Endung „-es", im Nominativ und Akkusativ femininum die Endung „-e".
!!! Beachten Sie: Im Nominativ und Akkusativ Sgl. neutrum und femininum sind die Endungen gleich.
3. Schreiben Sie in allen anderen Kasus Sgl. und Plural die Endungen „-en".

Die Attributendungen bei Substantiven ohne Artikelwort

Wir wiederholen: Das Artikelwort ist wichtig für die Endungen der attributiven Adjektive und der Partizipien I und II.

Neue Information: Ein Attribut kann auch zu einem Substantiv ohne Artikelwort gehören.

Wir lernen: Das attributive Adjektiv/Partizip I /Partizip II bei einem Substantiv ohne Artikelwort hat **die Endung des entsprechenden Artikelwortes**. Aber: **Im Genitiv Sgl. mask.** und neutr. hat das Attribut die Endung **„-en"**. Beispiel : Mask.

: Roter Wein, -roten Weins, -rotem Wein, -roten Wein. –Rote Weine, -roter Weine, -roten Weinen, -rote Weine. <u>Neutrum:</u> Faules Kind, -faulen Kindes, -faulem Kind, -faules Kind. -Faule Kinder, -fauler Kinder, -faulen Kindern, -faule Kinder. <u>Femininum:</u> Neue Lampe, -neuer Lampe, -neuer Lampe, -neue Lampe. –Neue Lampen. –neuer Lampen, -neuen Lampen, -neue Lampen.

Aufgabe 58a: Schreiben Sie den Sgl. und den Plural der folgenden Substantive mit Attribut: Spanisch—Wein, -geöffnet— Fenster, -laut singen-- Student, -frisch gestrichen-- Wand.

Aufgabe 58b: Schreiben Sie die Endungen der folgenden Attribute: Mit geöffnet-- Buch, -ausländisch-- Studentinnen, -gut-- Geschäfte, -alltäglich-- Gespräche, -mit geschlossen-- Augen, -groß-- Lärm, -frisch-- Obst, -in viel-- Ländern, -vergangen-- Tage.

Übersicht über die Endungen der attributiven Adjektive/ Partizipien I und II.

1. - -en: Bei Substantiven mit einem Artikelwort der Gruppen 1 und 2 sowie im Genitiv Sgl. mask. und neutr. bei Substantiven ohne Artikelwort.

2. –e: Im Nominativ Sgl. bei Substantiven mit einem Artikelwort der Gruppe 1 sowie im Akkusativ Sgl. neutrum und femininum .

3. –er: Im Nominativ Sgl. mask. bei Substantiven mit einem Artikelwort der Gruppe 2.

4. –es: Im Nominativ und Akkusativ Sgl. neutrum bei Substantiven mit einem Artikelwort der Gruppe 2.

5. - Bei Substantiven ohne Artikelwort hat das Adjektiv/Part. I/Part. I die Endung des Artikelwortes.

Wortbildung: Bedeutungsbestimmung eines Adjektivs durch eine Endung.

Neue Information: Wir können mithilfe einer bestimmten Endung die Bedeutung eines Adjektivs bestimmen. !!! Beachten Sie: Diese Adjektive können wir nicht steigern.

Wir lernen: **A:** Adjektive mit der Endung „**-los**" oder „**-frei**" haben eine negative Bedeutung. Beispiel: Kein Regen = regenlos. **B:** Adjektive mit der Endung „**-arm**" haben die Bedeutung –wenig-. Beispiel: Wenig Regen = regenarm. **C:** Adjektive mit der Endung „**-reich**" haben die Bedeutung – viel-. Beispiel: Viel Regen = regenreich.

Aufgabe 59: Schreiben Sie in den folgenden Sätzen jeweils das entsprechende Adjektiv: Eine Speise, die wenig Kalorien hat, ist ---. –Ein Himmel, an dem keine Wolken sind, ist---. –Ein Kranker, der kein Fieber hat, ist ---. –Wasser, das nur wenig Sauerstoff hat, ist ---. –Länder, die nur wenige Rohstoffe haben, sind ---. –Ein Tag, an dem es nicht regnet, ist ---. -Etwas, das nichts kostet, ist ---. –Eine Straße, auf der viel Verkehr herrscht, ist ---. Eine Person, die sich nicht zu helfen weiß, ist---.

Wortbildung: Bedeutungsverstärkung eines Adjektivs durch Wortzusammensetzung.

Neue Information: Wir können durch das Zusammenschreiben eines Adjektivs mit einem anderen Wort die Bedeutung eines Adjektivs verstärken. !!!Beachten Sie: Diese Adjektive können wir nicht steigern.
Wir lernen: Wenn wir ein Adjektiv mit einem anderen Wort zusammen schreiben, verstärken wir die Bedeutung des Adjektivs. Beispiel: Rot wie Blut = blutrot.
Aufgabe 60: Schreiben Sie für die folgenden Adjektive jeweils das Adjektiv mit dem Vergleichswort: Abgrundtief, -eisenhart, -pechschwarz, -grasgrün, -himmelblau, -honigsüß, -kristallklar, -meterlang, -riesengroß, -schneeweiß, -sternenklar.

Das Adverb

Wir wiederholen: Das Adjektiv und die Partizipien I und II bei einem Verb heißen das Adverb.
Wir lernen: Es gibt **adverbiale Adjektive**. Beispiel: Der Student lernt fleißig – „fleißig" ist ein Adverb. !!!Beachten Sie: Die Adverbien haben keine Endung. - Es gibt **reine Adverbien**. Beispiele: Hier, -dort,- oben, -unten, -morgens, -heute, -gestern.
Neue Information: Wir können die Aktionen zweier Personen mithilfe von **„so...wie"** vergleichen: Beispiel: Er lernt **so** fleißig **wie** ich. **Wir können**

diesen Vergleich auch als Vergleichshaupt- und -nebensatz schreiben: Beispiel: Er lernt so fleißig, **wie** ich lerne. !!!Beachten Sie: Wir können nicht den Nebensatz als Satz 1 schreiben:

Test 12

Aufgabe 1: Schreiben Sie von den folgenden Verben jeweils die 3. Pers. Sgl. Präsens, Präteritum und Perfekt: Erzeugen, -verbrennen, -wachsen, -bauen, -können, -werden, --<u>aus</u>geben, -erwärmen, -kontrollieren, -enthalten.
Aufgabe 2: Schreiben Sie die fehlenden Endungen: Mein Vater hat ein-- neu-- Auto. –Er fährt mit d-- neu-- Auto zu d-- klein-- Stadt. –Es gibt in d-- klein- Stadt kein-- groß-- Geschäfte. – Aber er kann frisch-- Obst, frisch-- Milch und frisch-- Gemüse kaufen. –Sein alt-- Auto hat mein Vater verkauft. –D-- neu-- Auto gefällt mein-- Vater gut.
Aufgabe 3: Transformieren Sie die beiden Hauptsätze jeweils in einen Hauptsatz und eine Infinitivstruktur: Wir haben Elektrizität in unseren Wohnungen. Wir wollen unsere Wohnungen beleuchten können. –Ich höre Musik. Ich kenne nicht den Komponisten. –
Das Wasser der Flüsse reinigen wir. Wir wollen das gereinigte Wasser trinken. –Mein Vater trinkt kein Wasser. Stattdessen trinkt er Bier. –Ich sehe mir die Ausstellung an. Ich habe jedoch kein großes Interesse.

Aufgabe 4a: Schreiben Sie jeweils das entsprechende Adjektiv: Ein Monat, in dem es nur wenig regnet, ist ---. –Ein Himmel ohne Wolken ist ---. – Ein Fluss mit viel Wasser ist ---. –Eine Speise, die nichts kostet, ist ---.

Aufgabe 4b: Erklären Sie die folgenden Wörter: Was bedeutet -kristallklar, -himmel -blau, -honigsüß, -grasgrün?

Der Nebensatz: Der Relativnebensatz

Transformation zweier Hauptsätze mit einem gemeinsamen Wort in einen Hauptsatz und einen Relativnebensatz.

Neue Information: Wir können 2 Hauptsätze in einen Hauptsatz und einen Relativnebensatz transformieren. !!! Beachten Sie: Die beiden Hauptsätze müssen **ein gemeinsames** Wort haben.

Wir lernen: Wenn 2 Hauptsätze ein gemeinsames Wort haben, können wir sie einen Hauptsatz und einen Nebensatz transformieren. Dieser Nebensatz heißt **der Relativnebensatz.** !!!Beachten Sie: **Der Relativnebensatz hat statt einer Nebensatzkonjunktion ein Relativpronomen.** Beispiel: **Die Sekretärin** kennt alle Kursusteilnehmer. **Die Sekretärin** freut sich auf das gemeinsame Fest = Die Sekretärin, die sich auf das gemeinsame Fest freut, kennt alle Kursusteilnehmer. !!!Beachten Sie: Der Relativnebensatz ist ein Attribut zu dem gemeinsamen Wort, wir schreiben den **Relativnebensatz** deshalb **direkt hinter das gemeinsame Wort** des Hauptsatzes.

Die Relativpronomen: Sgl. mask. : -der, -dessen, -dem, -den. /**neutr.** : -das, -dessen, -dem, -das. /**fem.** : -die, -der, -der, -die. **Plural:** -die, -deren, -denen, -die. !!!Beachten Sie: Das Relativpronomen muss in Genus, Numerus und Kasus dem transformierten gemeinsamen Wort entsprechen. Das Relativpronomen steht am Nebensatzanfang sowie direkt hinter dem gemeinsamen Wort des Hauptsatzes.

Aufgabe 61: Transformieren Sie jeweils den 2. Hauptsatz der beiden folgenden Hauptsätze in einen Relativnebensatz: Ich half **den Studenten. Den Studenten** war meine Hilfe sehr angenehm. – **Die Kohle** ist Deutschlands größte Energiequelle. Man **baut die Kohle** im Bergwerk oder über Tage ab. –Peter hat **eine Wohnung. Die Wohnung** liegt in der Nähe der Universität. –Es gibt **4 Jahreszeiten. Die Jahreszeiten** heißen der Frühling, der Sommer, der Herbst und der Winter. –In unseren Städten gibt es **viele Autos. Die Autos** verursachen große Umweltschäden.

Algorithmus zur Transformation zweier Hauptsätze mit einem gemeinsamen Wort in einen Hauptsatz und einen Relativnebensatz

1. - Wir transformieren Hauptsatz 1 oder Hauptsatz 2 in den Relativnebensatz.
2. Wir transformieren das gemeinsame Wort des zukünftigen Nebensatzes in das entsprechende Relativpronomen.
!!!Beachten Sie: Das Relativpronomen muss in Genus, Numerus und Kasus dem gemeinsamen Wort entsprechen.
3. Wir schreiben das Relativpronomen an den Anfang des Nebensatzes.
4. Wir schreiben die Personalform an das Ende des Nebensatzes.
5. Wir schreiben den Relativnebensatz direkt hinter das gemeinsame Wort des Hauptsatzes.
6. Wir schreiben alle anderen Satzteile unverändert in den Relativnebensatz.

Transformation zweier Hauptsätze mit einem Präpositionalobjekt als gemeinsamem Wort in einen Hauptsatz und einen Relativnebensatz.

Wir wiederholen: Wir können zwei Hauptsätze mit einem gemeinsamen Wort in einen Hauptsatz und einen Relativnebensatz transformieren. !!!Beachten Sie: Das Relativpronomen und das gemein same Wort des zukünftigen Relativnebensatzes müssen in Genus, Kasus und Numerus übereinstimmen.

Wir lernen: Wenn **das gemeinsame Wort ein Präpositionalobjekt** ist, müssen die **Präposition und Genus, Kasus und Numerus des gemeinsamen Wortes** mit dem **Relativpronomen** übereinstimmen. Beispiel: Peter denkt **an seine Prüfung**. Die Prüfung findet morgen statt = Die Prüfung**, an die** Peter denkt, findet morgen statt.
Aufgabe 62:: Transformieren Sie jeweils den 2. Hauptsatz der beiden folgenden Hauptsätze in einen Relativnebensatz: Mein Zimmer hat **ein großes Fenster**. Ich sehe **durch das Fenster** in den Garten. –**Die tropischen Regenwälder** produzieren viel Sauerstoff. Wir Menschen zerstören **mit den tropischen Regenwäldern** die „Lungen der Menschheit". –**Wasserleitungen** transportieren das Wasser in unsere Städte. Man hat für diese **Wasserleitungen** sogar Brücken gebaut.

Algorithmus zur Transformation zweier Hauptsätze mit einem Präpositionalobjekt als gemeinsamem Wort in einen Hauptsatz und einen Relativnebensatz

---

1. - Wir transformieren Hauptsatz oder Hauptsatz 2 in einen Relativnebensatz
2. **Wir transformieren das gemeinsame Wort des zukünftigen Nebensatzes in das entsprechende Relativpronomen.**
!!!Beachten Sie: Das Relativpronomen muss in Genus, Numerus und Kasus dem gemeinsamen Wort entsprechen.

3. Wir schreiben die Präposition + Relativpronomen an den Anfang des Relativnebensatzes.
!!!Beachten Sie: Wir schreiben die Präposition vor das Relativpronomen.
4. Wir schreiben die Personalform an das Ende des Relativnebensatzes
5. Wir schreiben den Relativnebensatz direkt hinter das gemeinsame Wort des Hauptsatzes.
6. Wir schreiben alle anderen Satzteile unverändert in den Relativnebensatz

Transformation zweier Hauptsätze mit einem Genitivobjekt als gemeinsamem Wort in einen Hauptsatz und einen Relativnebensatz

Wir wiederholen: Wir können zwei Hauptsätze mit einem gemeinsamen Wort in einen Hauptsatz und einen Relativnebensatz transformieren.
Neue Information: Für das Relativpronomen Genitiv gibt es eine besondere Regelung.
Wir lernen: **Das Substantiv, zu dem das Relativpronomen Genitiv gehört, verliert sein Artikelwort.** Beispiel: **Die Sekretärin des Kurses** kennt alle Kursusteilnehmer. Der Kurs feiert ein Fest = Der Kurs, **dessen Sekretärin** alle Kursusteilnehmer kennt, feiert ein Fest.
Aufgabe 63: Transformieren Sie jeweils den 2. Hauptsatz der beiden folgenden Hauptsätze in einen Relativnebensatz: Meine Freundin sucht **eine Wohnung.** Die Miete **der Wohnung** soll möglichst niedrig sein. –Peter besucht **seinen Freund Paul.** Die Freundin **Pauls** wohnt in dem selben

Haus. –**In den Städten** wohnen viele Menschen. Der Energieverbrauch **der Städte** ist groß. –Ich sehe **in einen Garten**. Auf der Wiese **des Gartens** spielen häufig Kinder. –Der Student fährt **ein altes Auto**. Die Armaturen **des Autos** sind aus Buchenholz.

Algorithmus zur Transformation zweier Hauptsätze mit einem Genitiv-Objekt als gemeinsamem Wort in einen Hauptsatz und einen Relativnebensatz

1. - Wir transformieren Hauptsatz 1 oder Hauptsatz 2 in den Relativnebensatz.
2. Wir transformieren das gemeinsame Wort des zukünftigen Nebensatzes in das entsprechende Relativpronomen.
!!!Beachten Sie: Das Relativpronomen muss in Genus, Numerus und Kasus dem gemeinsamen Wort entsprechen.
3. Wir schreiben das Relativpronomen Gen. an den Anfang des Relativnebensatzes.
!!!Beachten Sie: Das Substantiv, zu dem der Genitiv gehört, verliert das Artikelwort.
4. Wir schreiben die Personalform an das Ende des Relativnebensatzes.
5. Wir schreiben den Relativnebensatz direkt hinter das gemeinsame Wort des Hauptsatzes.
6. Wir schreiben alle anderen Satzteile unverändert in den Relativnebensatz.

Algorithmus zur Transformation zweier Hauptsätze in einen Hauptsatz und einen Relativnebensatz

1. - Entscheiden Sie, welchen der beiden Hauptsätze Sie in einen Relativnebensatz transformieren wollen.
2. Transformieren Sie das gemeinsame Wort des zukünftigen Nebensatzes in das entsprechende Relativpronomen.
 !!! Beachten Sie: Das Substantiv, zu dem das Relativpronomen Genitiv gehört, verliert sein Artikelwort.
3. Schreiben Sie das Relativpronomen an den Anfang des Relativnebensatzes.
 !!! Beachten Sie: Wir schreiben bei einem gemeinsamen Wort mit Präposition die Präposition direkt vor das Relativpronomen.
4. Schreiben Sie die Personalform an das Nebensatzende.
5. Schreiben Sie den Relativnebensatz direkt hinter das gemeinsame Wort des Hauptsatzes.
6. Schreiben Sie alle anderen Satzteile unverändert in den Relativnebensatz.

Test 13

Aufgabe 1: Schreiben Sie von den folgenden Verben jeweils die 3. Pers. Sgl. Präsens, Präteritum und Perfekt: Kennen, -öffnen, -haben, -erklären, -leiden, -abgeben, -heißen, -versprechen, -wegtragen, -entstehen.

Aufgabe 2: Transformieren Sie jeweils den 2. Hauptsatz in einen Relativnebensatz: -Der Bus fährt ab. Die Türen des Busses sind noch geöffnet. –Das Flugzeug fliegt nach Rom. Im Inneren des Flugzeugs ist es sehr warm. –Das Flugzeug startet. Mit diesem Flugzeug fliegen viele Passagiere. –Die Stewardess servierte einigen Passagieren einen Cognac. Diesen Passagieren schmeckte der Tee nicht. –Der Tee war den Passagieren zu kalt. Die Laune der Passagiere ist schlecht.

Aufgabe 3: Schreiben Sie die Endungen: -Familie Grothe hat in ein--- kleinen--- Dorf ein--- groß--- Haus gebaut. –In dies--- groß--- Haus hat man ein--- neu--- Heizung installiert. –D--- warm--- Wasser in dies--- neu--- Heizung muss ein--- hoh--- Temperatur haben. –D--- neu--- Heizung arbeitet mit Öl. –Durch d--- vollständig--- Verbrennung des Öls erwärmt man d--- kalt---Wasser in d--- neu--- Heizung.

Aufgabe 4: Beantworten Sie die folgenden Fragen mit den Wörtern des folgenden Textes: -Um 1500 entdeckte Kopernikus: Die Sonne ist der Mittelpunkt unseres Planetensystems. Um die Sonne bewegen sich 9 Planeten. Die Sonne ist ein Fixstern; denn sie ändert ihre Position nicht. Ein Planet be-

wegt sich ständig um sich selbst und um die Sonne.
<u>Fragen:</u> Ist die Erde der Mittelpunkt unseres Planetensystems? -Wie heißt der Entdecker der Antwort auf diese Frage? -Wie viele Planeten hat unser Sonnensystem? -Nennen Sie den Unterschied zwischen einem Fixstern und einem Planeten? -Ist die Erde ein Fixstern?

Das Adjektiv: Die Steigerung

Der Komparativ

Neue Information: Wir können die Adjektive steigern. Wir können das **Adjektiv in einen Komparativ und in einen Superlativ** transformieren. Komparativ und Superlativ können **sowohl Attribut als auch Adverb** sein.
Wir lernen: Wir bilden den Komparativ mit der Endung „**-er**". Beispiel Komparativ Attribut: Der schnell-**er**-e Läufer. Beispiel Komparativ Adverb: Der Läufer läuft schnell-**er** als Paul.

Varianten der Komparativbildung

1. - **Einsilbige Adjektive** haben im Komparativ manchmal **einen Umlaut**: Beispiele:
Groß – größer, hoch – höher, alt – älter, nah – näher. Variante ohne Umlaut: Laut –lauter, schlank – schlanker. **2.** - Folgende Adjektive haben **unregelmäßige Komparative**: Beispiele: Gut – besser, sehr (=Adverb) /viel – mehr, gern (Adverb) – lieber. !!!Beachten Sie: Die Komparative „mehr" und „weniger" haben als Attribute keine Endung.

Der Komparativ im Vergleich

Wir wiederholen: Wir können die Aktionen zweier Personen mithilfe eines Adjektivs vergleichen.
Wir lernen: **1.** - Wir können die Aktionen zweier Personen mithilfe eines **Komparativs als Adverb**

vergleichen. Beispiel: Er lernt **fleißiger als** ich. **2. -** Wir können einen **Vergleichs- Nebensatz** bilden. Beispiel: Sie schrieb **schneller, als** er diktierte.
!!!Beachten Sie: Der Vergleichs-Nebensatz kann n nicht vor dem Hauptsatz stehen.

Der Superlativ

Wir wiederholen: Wir können das Adjektiv in einen Komparativ und einen Superlativ transformieren. Komparativ und Superlativ können sowohl Attribut als auch Adverb sein.
Wir lernen: Wir können ein Superlativ-Attribut bilden. Wir bilden das **Superlativ-Attribut** mit der Endung **„-st"**. Beispiel: Peter ist der schne**lste** Läufer.
 Wir bilden das **Superlativ-Adverb** mit **„ am --- -sten"**. Beispiel: Peter läuft **am** schne**llsten**.

Varianten der Superlativbildung

1. - Einsilbige Adjektive haben im Superlativ manchmal **einen Umlaut**. Beispiele: Groß-am größten,, hoch- am höchsten, nah- am nächsten, alt –am ältesten. Variante
Ohne Umlaut: Laut –am lautesten, schlank –am schlanksten. **2. -** Folgende Adjektive bilden einen **unregelmäßigen Superlativ**: Beispiele: Gut – am besten, sehr (Adverb)/ viel - am meisten, gern (Adverb) -am liebsten .
Aufgabe 64a: Bilden Sie von den folgenden Adjektiven jeweils die Komparativ-Adverbien und die

Superlativ-Adverbien: Warm, -langsam, -dünn, -tief, -fleißig, -wichtig, -nervös, -lang, -gut, -schlecht.

Aufgabe 64b: Bilden Sie von den folgenden Adjektive jeweils die Komparativ-Attribute und die Superlativ-Attribute: Der reiche Kaufmann, -die lange Reise, -der alte Freund, -das gute Hotel, -der hohe Berg, -das warme Zimmer, -viel Geld, -die lustige Geschichte.

Algorithmus zur Bildung des Komparativs und des Superlativs von Adjektiven

1. - Schreiben Sie zur Bildung eines Attribut-Komparativs die Endung −er an das Attribut und schreiben Sie die entsprechende Attributendung an den Attribut-Komparativ.
!!!Beachten Sie: Das Komparativ-Adverb hat nur die Endung „-er".
2. Schreiben Sie zur Bildung eines Attribut-Superlativs die Endung −st an das Attribut und schreiben Sie die entsprechende Attributendung an den Superlativ.
3. Schreiben Sie zur Bildung eines Adverb-Superlativs die Endung −sten an das Adjektiv, schreiben Sie „am" direkt vor das Superlativ-Adverb.

Sätze mit „je – desto + Komparativ"

Wir lernen: Wir können 2 Hauptsätze in einen Hauptsatz mit „je... + Komparativ" und in einen Nebensatz mit „desto... + Komparativ" transformieren. !!!Beachten Sie: **Jeder Hauptsatz muss ein Adjektiv haben.** Beispiel: Je **fleißiger** er lernt, desto **größere** Berufschancen hat er. !!! Beachten Sie: Der **Nebensatz mit „je. . + Komparativ"** ist immer **Satzteil 1.** Im Hauptsatz zählen wir „desto. . + Komparativ" nicht als Satzteil: Die Personalform des Hauptsatzes bleibt also Satzteil 2.

Aufgabe 65: Transformieren Sie die folgenden Hauptsätze jeweils in einen Nebensatz mit „je + Komparativ" und in einen Hauptsatz mit „desto + Komparativ": Die Prüfung ist wichtig. Die Studenten sind nervös. –Die Studenten lernen fleißig. Ihre Prüfungschancen sind groß. –Einige Studenten singen laut. Andere Studenten ärgern sich sehr. –Peter trinkt viel Bier. Er wird lustig. –Die Sonne scheint lange. Die Erde wird trocken. –Paul rennt schnell. Er kommt zeitig nach Hause.

Test 14

Aufgabe 1: Schreiben Sie von den folgenden Verben jeweils die 3. Pers. Sgl. Präsens, Präteritum und Perfekt: -Bleiben, -müssen, -entstehen, -<u>her</u>stellen, -überqueren, -konstruieren, -verkaufen, -finden, -gehören, -<u>ab</u>fahren.

Aufgabe 2: Transformieren Sie die folgenden Hauptsätze jeweils in einen Nebensatz mit „je…+Komparativ" und einen Hauptsatz mit „desto…+ Komparativ": -Das Wasser des Sees ist dunkel. Der See ist tief. –Wir hören diese Musik oft. Diese Musik gefällt uns. –Er fährt ein großes Auto. Er muss dafür viel Geld bezahlen. –Der Bus fährt schnell. Ich habe große Angst.

Aufgabe 3: Transformieren Sie den 2. Hauptsatz jeweils in einen Relativnebensatz: -Er schreibt einem jungen Afrikaner einen Brief. Der junge Afrikaner ist noch in Kamerun. –Der Brief enthält Informationen zum Studium in Deutschland. Auf diese Informationen hat der junge Mann in Kamerun schon lange gewartet. –Nach der Ankunft des Briefes lädt er seine Freunde ein. Mit seinen Freunden will er die Informationen diskutieren. –Für seine Freunde kauft der junge Mann einen Kuchen. Auf dem Kuchen liegen viele Früchte. –Der Kuchen mit den Früchten schmeckt allen Freunden gut. Der Geschmack der Früchte war hervorragend.

Aufgabe 4: Beantworten Sie die folgenden Fragen mit den Wörtern aus dem Text: -Die Erde dreht sich in 24 Stunden um die eigene Achse. Dadurch entstehen Tag und Nacht. Gleichzeitig bewegt sich die Erde um die Sonne. Dadurch entstehen die Jahreszeiten. Der Weg der Erde um die Sonne dauert ein Jahr. <u>Fragen:</u> -Was entsteht durch die Bewegung der Erde um die eigene Achse? -Wie oft dreht sich die Erde in 96 Stunden um die eigene Achse? -Wie viel Zeit braucht die Erde für die Bewegung um die Sonne? -Was entsteht durch die Bewegung der Erde um die Sonne? -Dauert der Weg um die Sonne länger als 10 Monate?

Das Verb: Das Passiv

Transformation von Aktivsätzen mit Akkusativobjekt ins Passiv

Wir wiederholen: Die Form der bisherigen Sätze heißt **das Aktiv**.
Neue Information: Wir können die Aktiv-Sätze in eine andere Form transformieren. Diese Form heißt **das Passiv**.
Wir lernen: Wir können einen Aktivsatz in einen Passivsatz transformieren. Beispiel Aktivsatz: Er fragt **seinen Vater**. Beispiel Passivsatz: **Sein Vater** wird von ihm gefragt.
!!!Beachten Sie: **Verben, die das Perfekt/Plusquamperfekt mit „sein" bilden, können wir nicht ins Passiv transformieren.**

Algorithmus zur Transformation von Aktivsätzen mit Akkusativobjekt ins Passiv

1. - Wir transformieren das Akkusativobjekt des Aktivsatzes in das Subjekt des Passivsatzes.

2. Wir transformieren das Subjekt des Aktivsatzes in ein Präpositionalobjekt mit „von" des Passivsatzes.
3. Wir transformieren die Personalform des Aktivsatzes in das entsprechend Partizip II und ergänzen im Passivsatz zu diesem Partizip II die entsprechende Personalform von „werden".
4. Alle anderen Satzteile bleiben unverändert.
Aufgabe 66: Transformieren Sie die folgenden Sätze in das Passiv: -Alle Kursteilnehmer nahmen diese Idee mit Begeisterung auf. –Die Studenten bildeten sofort Arbeitsgruppen. –Sie bereiteten ein Programm vor. –Einige Studenten brachten Fotos aus ihrer Heimat mit. –Zum Abschluss des Festes sangen alle Teilnehmer Volkslieder.

Transformation von Aktivsätzen ohne Akkusativobjekt ins Passiv.

Wir wiederholen: Wir können einen Aktivsatz ins Passiv transformieren.
Wir lernen: Wir können einen Aktivsatz ohne Akkusativ ins Passiv transformieren. <u>Beispiel Aktivsatz:</u> Peter hilft **seiner Freundin**. <u>Beispiel Passivsatz:</u> **Es** wird von Peter **seiner Freundin** geholfen.
!!!<u>Beachten Sie:</u> Wir können den Passivsatz auch **ohne das unpersönliche Subjekt „es"** schreiben.
<u>Beispiel:</u> Von Peter wird seiner Freundin geholfen.

Algorithmus zur Transformation von Aktivsätzen ohne Akkusativobjekt ins Passiv.

1. - Wir transformieren das Subjekt des Aktivsatzes in einPräpositionalobjekt mit „von" des Passivsatzes.
2. Wir schreiben im Passivsatz das unpersönliche „es" als Subjekt.
!!! Beachten Sie: Wir können den Passivsatz ohne das unpersönliche Subjekt „es" schreiben. Es bleibt aber entscheidend für die Personalform des Passivsatzes.
3. Wir transformieren die Personalform des Aktivsatzes in das entsprechnde Partizip II des Passivsatzes und ergänzen im Passivsatz die entsprechende Personalform von „werden".
4. Alle anderen Satzteile bleiben unverändert.

Aufgabe 67: Transformieren Sie die folgenden Sätze ins Passiv: -Peter klatscht begeistert. –Paul half den Studenten bei der Vorbereitung des Festes. –Kein Student raucht bei diesem Fest. –Der Lehrer tanzte mit den Studentinnen. –Alle Festteilnehmer hörten interessiert den Volksliedern zu.

Transformation von Aktivsätzen mit dem unpersönlichen Subjekt „man" ins Passiv

Wir wiederholen: Wir können einen Aktivsatz ins Passiv transformieren.
Wir lernen: **Das unpersönliche Subjekt „man" im Aktivsatz schreiben wir nicht im Passivsatz.** Beispiel Aktivsatz: **Man** hört ihm nicht zu. Beispiel Passivsatz: **Ihm wird nicht zugehört.** !!!Beachten

Sie: Wir können den **Passivsatz** auch **mit dem unpersönlichen Subjekt „es"** schreiben. Beispiel: Es wird ihm nicht zugAlgorithmus zur Transformation eines Aktivsatzes mit dem unpersönlichen Subjekt „man" in einen Passivsatz
1. -Wir schreiben im Passivsatz nicht das unpersönliche Subjekt „man" des Aktivsatzes.
!!! Beachten Sie: Wir können jedoch im Passivsatz das unpersönliche Subjekt „es" einsetzen.
2. Wir transformieren die Personalform des Aktivsatzes in das entsprechende Partizip II und ergänzen im Passivsatz zu diesem Partizip II die entsprechende Personalform von „werden".
3. Alle anderen Satzteile bleiben unverändert.
Aufgabe 68: Transformieren Sie die folgenden Sätze ins Passiv: -Man veranstaltete ein Kursusfest. –Man lud auch die Sekretärin des Kurses ein. –Man sang internationale Volkslieder. – Man führte sogar Volkstänze auf. –Man klatschte begeistert. –Man beseitigt durch ein solches Fest viele Vorurteile.

Transformation von Aktivsätzen im Perfekt/Plusquamperfekt ins Passiv

Wir wiederholen: Wir können einen Aktivsatz ins Passiv transformieren.
Wir lernen: Wir transformieren die Personalform „haben" des Perfekts /Plusquam –perfekts im Aktivsatz in die entsprechende Personalform von „sein" im Passivsatz. Das Partizip II bleibt im Passivsatz unverändert . !!!Beachten Sie: **Wir ergänzen**

im Passivsatz „worden" hinter dem Partizip II.
Beispiel Aktivsatz: Peter **hat/hatte** die Prüfung **bestanden.** Beispiel Passivsatz: Die Prüfung **ist/war** von Peter **bestanden worden.**

Algorithmus zur Transformation von Aktivsätzen im Perfekt/Plusquamperfekt ins Passiv
1. - Wir transformieren das Akkusativobjekt des Aktivsatzes in das Subjekt des Passivsatzes.
2. Wir transformieren das Subjekt des Aktivsatzes in ein Präpositionalobjekt mit „von" des Passivsatzes.
3. Wir transformieren die Personalform von „haben" des Aktivsatzes in die entsprechende Personalform von „sein" des Passivsatzes und schreiben im Passivsatz direkt hinter dieses Partizip II „worden".
4. Alle anderen Satzteile bleiben unverändert.
Aufgabe 69: Transformieren Sie die folgenden Sätze ins Passiv: -Die Studenten haben ein Fest veranstaltet. –Sie haben auch die Sekretärin des Kurses eingeladen. –Einige Studenten haben Fotos aus ihrer Heimat mitgebracht. –Juan hat einen Volkstanz seiner spanischen Heimat vorgeführt. – Man hat begeistert geklatscht. –Das Fest hat viele Vorurteile beseitigt. –Paul hatte bei dem Vorbereitungen geholfen. –Die Festteilnehmer haben ihm deshalb ein Buch geschenkt.

Transformation von Aktivsätzen mit Modalverben als Personalform ins Passiv
---

Wir wiederholen: Wir können einen Aktivsatz ins Passiv transformieren.

Wir lernen: Es gibt Aktivsätze mit einer Personalform der Verben „dürfen, können, müssen, wollen + Infinitiv". Aber **diese Verben können wir nicht ins Passiv transformieren.**

Wir transformieren deshalb den Infinitiv in ein Partizip II + werden". !!!Beachten Sie: Die Personalform ist abhängig von dem jeweiligen Subjekt. Beispiel Aktivsatz: Viele Studenten **konnten** die Prüfung nicht **bestehen**. Beispiel Passivsatz: Die Prüfung **konnte** von vielen Studenten nicht **bestanden werden**.

Algorithmus zur Transformation von Aktivsätzen mit einer Personalform der Verben „dürfen, können, müssen, sollen + Infinitiv" ins Passiv
---

1. - Wir transformieren das Akkusativobjekt des Aktivsatzes in das Subjekt des Passivsatzes.
2. Wir transformieren das Subjekt des Aktivsatzes in ein Präpositionalobjekt mit „von" des Passivsatzes.
3. Die Personalform des Aktivsatzes bleibt unverändert, wir transformieren den Infinitiv des Aktivsatzes in das Partizip II des Passiv-

satzes, wir schreiben direkt hinter das Partizip II „werden".
4. Alle anderen Satzteile bleiben unverändert.
Aufgabe 70: Transformieren Sie die folgenden Sätze ins Passiv: -Bei einem Fest durfte man nicht rauchen. –Juan sollte einen Volkstanz seiner spanischen Heimat vorführen. –Man soll solche Feste häufiger feiern. –Meine Schwester durfte mich nicht begleiten. –Wir müssen unsere Städte mit Wasser versorgen. –Aus Erdöl kann man viele Dinge unseres täglichen Lebens herstellen.

Algorithmus zur Transformation eines Aktivsatzes ins Passiv

1.1. Transformieren Sie das Akkusativobjekt des Aktivsatzes in das Subjekt des Passivsatzes.
1.2. Schreiben Sie bei einem Aktivsatz ohne Akkusativobjekt im Passivsatz das unpersönliche „es" als Subjekt.
!!!Beachten Sie: Das unpersönliche Subjekt „es" des Passivsatzes kann nur Satzteil 1 sein.
2.1. Transformieren Sie das Subjekt des Aktivsatzes in ein Präpositionalobjekt mit „von" des Passivsatzes.
2.2. Das unpersönliche Subjekt „man" des Aktivsatzes schreiben wir nicht im Passivsatz.
!!!Beachten Sie: Wir können im Passivsatz das unpersönliche Subjekt „es" schreiben.

3.1. Transformieren Sie die Personalform des Aktivsatzes in das entsprechende Partizip II und ergänzen Sie im Passivsatz die entsprechende Personalform von „werden".
3.2. Transformieren Sie die Personalform von „haben" des Aktivsatzes in die entsprechende Personalform von „sein", schreiben Sie das Partizip II des Aktivsatzes unverändert in den Passivsatz und ergänzen Sie im Passivsatz direkt hinter dem Partizip II „worden".
3. 3 Schreiben Sie die Personalformen von „dürfen, können, müssen, sollen" des Aktivsatzes unverändert in den Passivsatz.
4. Ergänzen Sie im Passivsatz direkt hinter dem Partizip II „worden".
5. Alle anderen Satzteile bleiben unverändert.

Schema zur Transformation eines Aktivsatzes ins Passiv

Akkusativobjekt = Subjekt. –Kein Akkusativobjekt = Subjekt „ es" (nur Satzteil 1). —Subjekt = Präpositionalobjekt mit „von" (Dat.), -Subjekt „man" = kein Subjekt (oder Subjekt „es"). -Personalform = Partizip II + neue Personalform von „werden".
-Personalform von „haben" = Personalform von „sein" + „worden". –Personalform von „dürfen, können, müssen, sollen" + Infinitiv = unverändert + Part. II + „werden".

Test 15

Aufgabe 1: Schreiben Sie von den folgenden Verben jeweils die 3. Pers. Sgl. Präsens, Präteritum und Perfekt: -Öffnen, -versprechen, -<u>auf</u>stehen, -sein, -pfeifen, -<u>weg</u>gehen, -bezahlen, -leiden, -dürfen, --korrigieren.

Aufgabe 2a: Transformieren Sie die folgenden Hauptsätze jeweils in einen Hauptsatz mit Infinitiv: -Der Bus fährt ab. Er hat keine Fahrgäste. –Das Flugzeug startet nicht. Stattdessen wird es überprüft. –Im Sommer kommen viele Menschen ins Schwimmbad. Sie wollen hier schwimmen.

Aufgabe 2b: Transformieren Sie die folgenden Hauptsätze jeweils in einen Hauptsatz und in einen Nebensatz: -Die Täler der Eifel sind eng. Man konnte deshalb nur schmale Straßen bauen. –Die Stadt Monschau liegt 430 m hoch. Trotzdem fahre ich mit dem Fahrrad nach Monschau. –Man hat den Plan einer Treppe nicht realisiert. Stattdessen baute man einen Tunnel.

Aufgabe 3: Transformieren Sie die folgenden Sätze ins Passiv: -Man zerstört den tropischen Regenwald. –Die Menschen haben schon viele Bäume des Regenwaldes abgebrannt. –Die Kohlenstoffgase der Feuer erwärmen die Atmosphäre. –Die Industrieländer haben das Holz des Regenwaldes gekauft. –Die Menschheit muss die Zerstörung des Regenwaldes verhindern. –Den tropischen Regenwald darf man nicht zerstören.

Aufgabe 4: Transformieren Sie jeweils den 2. Hauptsatz in einen Relativnebensatz: -Otto Hahn

untersuchte mehrere Elemente. Das Uran interessierte Otto Hahn sehr. –Viele Länder haben Atombomben. Von diesen Bomben geht eine tödliche Gefahr für die
Menschheit aus. –Heute benutzen wir die Energien Wind und Wasser. Diese Energien sind umweltfreundlich. –Zu den neuen Energien gehört auch die Sonnenenergie. Die Benutzung der Sonnenenergie ist ebenfalls umweltfreundlich. –Früher gewann man Energie aus Gas. Die Kraft des Gases war aber gering.

Aufgabe 5: Ergänzen Sie die fehlenden Endungen und Wörter: -Die Wasserquellen haben sauber--- und klar--- Wasser. –Die schmutzig--- Straßen der Stadt brauchen sauber--- Wasser, denn mit dem gefährlich--- Schmutz kommen tödlich--- Krankheiten. –Das sauber--- Wasser aus den nah--- Bergen konnte man jedoch --------Gefahren trinken. – Um schnell--- zu d--- Bergen zu kommen, baute man ein--- groß--- Straße und ein--- lang--- Kanal. – Der lang--- Kanal bestand aus dick--- Steinen.

Aufgabe 6: Beantworten Sie die folgenden Fragen mit den Wörtern des Textes: -Die Sonne gibt der Erde Licht und Wärme. Ohne die Sonne wird es nachts manchmal sehr kalt, aber das Wasser in unseren Flüssen friert nachts nicht. Die Atmosphäre schützt nämlich die Erde vor der Kälte. –Was bekommt die Erde von der Sonne? -Warum wird es nachts manchmal sehr kalt? -Friert nachts das Wasser in unseren Flüssen? -Warum friert das Wasser in unseren Flüssen nicht?

Das Verb: Die Konjunktive

Wir wiederholen: Die Modalität der bisherigen Sätze heißt **der Indikativ**.
Neue Information: Es gibt noch eine Modalität. Sie heißt **der Konjunktiv**. Es gibt 2 Konjunktive: **Konjunktiv I:** Wir benutzen den Konjunktiv I in den **Personalformen der indirekten Rede**. Beispiel: Er sagt, dass er krank sei. **Konjunktiv II:** Wir benutzen den Konjunktiv II in den **Personalformen von irrealen Sätzen**. Beispiel: Er spricht, als **wäre** er ein Professor.
Wir lernen: Die Endungen der Personalformen Konjunktiv I und II sind gleich. Die Personalendungen der Personalformen von Konjunktiv I und II sind **Sgl.** : -e, -est, -e. -Die Personalendungen der Personalformen von Konjunktiv I und II sind **PL.**: -en, -et, -en.

Konjunktiv II Gegenwart: Regelmäßige Verben

Wir wiederholen: Wir schreiben den Konjunktiv II für irreale Sätze.
Neue Information: Es gibt einen Konjunktiv II Gegenwart **für die regelmäßigen Verben,** es gibt einen Konjunktiv II Gegenwart **für die unregelmäßigen Verben**.
Wir lernen: Wir bilden die Personalformen Konjunktiv II Gegenwart **der regelmäßigen Verben** mit dem **Präteritumstamm + Personalendung Konjunktiv**. !!!Beachten Sie: Ist eine Personalform

Konjunktiv II Gegenwart und die Personalform Indikativ Präteritum gleich, dann schreiben wir eine **Konjunktiv II –Ersatzform mit „würde + Infinitiv".** Beispiel Indikativ: „Er lernt". - Beispiel Konjunktiv II: „Er würde lernen"; denn Indikativ Präteritum = „er lernte".

Einzelvarianten

Die Personalformen Konjunktiv II Gegenwart von „**bringen, -denken, -dürfen, -haben, -können, -müssen, -wissen**" haben einen **Umlaut**. Beispiele: 1. Pers. Sgl. Konj. II: Ich brächte, -dächte, -dürfte, -hätte, -könnte, -müsste, -wüsste. !!!Beachten Sie: Die Konjunktiv II –Personalformen werden mit dem **Präteritumstamm** gebildet, sie sind aber **Gegenwart.**

Aufgabe 71a: Konjugieren Sie die folgenden Verben im Konjunktiv II Gegenwart: -Lachen, -wissen, -sagen.

Aufgabe 71b: Transformieren Sie die folgenden Personalformen in den Konjunktiv II: -Ich wiederhole, -sie veranstalten, -sie lernt, -ich bringe, -sie bereiten…vor, -wir tanzen, -er klatscht, -sie hö ren. . zu, -sie haben, -er darf.

Konjunktiv II Gegenwart: Unregelmäßige Verben

Wir wiederholen: Wir schreiben den Konjunktiv II für irreale Sätze. Es gibt einen Konjunktiv II Gegenwart für die regelmäßigen Verben, es gibt einen

Konjunktiv II Gegenwart für die unregelmäßigen Verben.
Wir lernen: Wir bilden die Personalformen Konjunktiv II Gegenwart **der unregelmäßigen Verben** mit dem **Präteritumstamm + Personalendung Konjunktiv**. !!!Beachten Sie: Wenn wir einen Umlaut bilden können, dann **müssen** wir einen Umlaut bilden. Beispiel Indikativ: **Er trinkt**. – Beispiel Konjunktiv II: **Er tränke.** !!!Beachten Sie: Die Konjunktiv II – Personal -formen werden mit dem **Präteritumstamm** gebildet, sie sind aber **Gegenwart.**
Aufgabe 72a: Konjugieren Sie die folgenden Verben im Konjunktiv II Gegenwart: -Essen, -einladen, -gehen.
Aufgabe 72b: Transformieren Sie die folgenden Personalformen in den Konjunktiv II: Ich komme, -sie trinken, -sie pfeift, -ich singe, - sie fahren… weg, -wir kommen…an, -ihr fallt, -du steigst…ein, -er wird, -sie sind.

Konjunktiv II Vergangenheit

Wir wiederholen: Es gibt einen Konjunktiv II Gegenwart, es gibt einen Konjunktiv II Vergangenheit. !!!Beachten Sie: **Beim Konjunktiv II Vergangenheit gibt es keinen Unter -schied zwischen den regelmäßigen und den unregelmäßigen Verben.**
Wir lernen: Wir bilden die Personalformen Konjunktiv II Vergangenheit mit **den Personalformen**

Konjunktiv II von „haben/sein + Partizip II".
Beispiel Indikativ: Er trank. – Er lachte. –Beispiel Konjunktiv II: Er hätte getrunken. –Er hätte gelacht. !!!Beachten Sie: Der Konjunktiv II Vergangenheit **steht für Präteritum, Perfekt und Plusquamperfekt**. Beispiel Indikativ: Er trank, er hat/hatte getrunken. – Er lachte, er hat/hatte gelacht. Beispiel Konjunktiv II: Er hätte getrunken. – Er hätte gelacht.
Aufgabe 73a: Konjugieren Sie die folgenden Verben im Konjunktiv II Vergangenheit: Sein, -lächeln, -austrinken.
Aufgabe 73b: Transformieren Sie die folgenden Personalformen in den Konjunktiv II: -Sie veranstalteten, -ich habe wiederholt, -er wurde, -sie hatte gelesen, -ich brachte, -er durfte, -sie hatte begonnen, -ich habe sie eingeladen, -er war, -sie tanzte, -ihr musstet, ich hatte gegessen, - er hat geklatscht, -wir sahen ihn kommen, -ich bin zu ihm gegangen.

Konjunktiv II in irrealen Sätzen

Wir wiederholen: Wir schreiben den Konjunktiv II in irrealen Sätzen.
Wir lernen: Wir können **2 reale Hauptsätze in einen irrealen Hauptsatz und einen irrealen Nebensatz** mit der Konjunktion „wenn" transformieren. !!!Beachten Sie: Wir transformieren den 1. Hauptsatz in den Nebensatz. Beide irreale Sätze sagen das Gegenteil der realen Sätze. **Wir müssen also einen positiven Satz negativ bzw. einen negativen Satz positiv machen.** Beispiel Indika-

tiv: Er raucht. Er wird krank. <u>Beispiel Konjunktiv II:</u> Wenn **er nicht** rauchte, würde er **nicht** krank. !!!<u>Beachten Sie:</u> Wir können den Nebensatz mit „wenn" ohne die Konjunktion schreiben. <u>Beispiel:</u> Rauchte er nicht, würde er nicht krank.

Aufgabe 74: Transformieren Sie die beiden folgenden Hauptsätze jeweils in einen irrealen Hauptsatz und in einen irrealen Nebensatz: −Er hat die Prüfung nicht bestanden. Er musste nach Hause zurückkehren. −Sie ist krank. Sie kann uns nicht besuchen. −Die Temperatur war nicht hoch genug. Die beabsichtigte Reaktion fand nicht statt. −Ich bin zu schnell gefahren. Ich habe einen Unfall verursacht. -Die Kernspaltung ist entdeckt worden. Wir sind nicht auf die Öl- und Kohlevorräte der Erde angewiesen. −Er hat keine Brille. Er kann mich nicht erkennen. −Es ist sehr kalt. Die Pflanzen erfrieren. −Beide Gewichte hatten nicht die gleiche Masse. Die Waage blieb nicht im Gleichgewicht.

Konjunktiv II in irrealen Nebensätzen mit „als ob/ als wenn…".

Neue Information: Es gibt einen irrealen Vergleichsnebensatz.

Wir lernen: Wir können **einen irrealen Vergleich in einen Hauptsatz und einen irrealen Vergleichs-Nebensatz mit der Konjunktion „als ob/als wenn…" transformieren**. Die Personalform des Nebensatzes ist Konjunktiv II. <u>Beispiel</u>

Hauptsatz: Er spricht wie ein Deutscher. (Aber er ist kein Deutscher.) Beispiel irrealer Nebensatz: Er spricht, als ob er ein Deutscher wäre. !!!Beachten Sie: Wir können die Nebensatzkonjunktion ohne „wenn.." schreiben.
Aber dann steht die Personalform des Nebensatzes **nicht** am Ende des Nebensatzes.
Beispiel: Er spricht, als wäre er ein Deutscher.

Algorithmus zur Transformation eines Hauptsatzes mit einem irrealen Vergleich in einen Hauptsatz und einen Nebensatz mit „als ob/als wenn…".

1. - Wir transformieren den irrealen Vergleich mit „wie" des Hauptsatzes in einen Nebenssatz mit „als ob/ als wenn". Das Subjekt des Hauptsatzes bleibt Subjekt des Nebensatzes. Wir schreiben im Nebensatz die Konjunktion „als ob/als wenn" ergänzen die entsprechende Personalform des Konjunktivs II von „sein".
!!! Beachten Sie: Der irreale Nebensatz mit „als ob/als wenn…" kann nicht Satzteil I sein.
Aufgabe 75: - Er singt wie ein Operntenor. –Diese Holz ist hart wie Stein. –Dieser Saft ist süß wie Honig. –Dieses Metall glänzt wie Gold. –Der Student doziert wie ein Professor. –Die Flüssigkeit sieht aus wie Wasser.

Konjunktiv I Gegenwart

Wir wiederholen: Wir schreiben den Konjunktiv I für die indirekte Rede.

Wir lernen: Es gibt einen Konjunktiv I für die Gegenwart, es gibt einen Konjunktiv I für die Vergangenheit. Wir bilden die Personalformen **Konjunktiv I Gegenwart** mit dem **Präsensstamm** . !!!Beachten Sie: Ist die **Personalform Indikativ Präsens** und die **Personalform Konjunktiv I Gegenwart gleich**, schreiben wir als **Konjunktiv I – Ersatzform** die entsprechende **Personalform Konjunktiv II Gegenwart**. Beispiele Indikativ Präsens: Er trinkt. –Ich trinke. Beispiele Konjunktiv I Gegenwart: Er trinke. –Ich tränke.

Einzelvariante: Ich bin - ich sei, er,es,sie ist - er,es,sie sei.

Aufgabe 76: Transformieren Sie die folgenden Personalformen in den Konjunktiv I : Er darf, -er wiederholt, -er wird, -sie lernt, -er bringt. –sie bereiten...vor, -sie lädt...ein, -er muss, - er ist, -sie tanzt, -wir essen, -er klatscht, -sie sehen ihn kommen, -ich lade sie ein, -er will, -sie besuchen mich, -ich gehe zu ihm.

Konjunktiv I Vergangenheit

Wir wiederholen: Es gibt einen Konjunktiv I für die Gegenwart, es gibt einen Konjunktiv I für die Vergangenheit.

Wir lernen: Wir bilden die Personalform Konjunktiv I Vergangenheit mit **den Personal – formen Konjunktiv I von „haben/sein + Partizip II".**
!!!<u>Beachten Sie:</u> Ist die **Personalform Indikativ Präsens von „haben" und die Personalform von Konjunktiv I Vergangenheit gleich,** dann schreiben wir **als Konjunktiv I –Ersatzform** die entsprechende Personalform des **Konjunktiv II.** <u>Beispiele Indikativ:</u> Er trank. – Ich trank. <u>Beispiele Konjunktiv I Vergangenheit:</u> Er habe getrunken. - Ich hätte getrunken. !!!<u>Beachten Sie:</u> Diese Verbformen des Konjunktiv I - Vergangenheit sind der Konjunktiv I Vergangenheit für das Präteritum, das Perfekt und das Plusquamperfekt.

Aufgabe 77: Transformieren Sie die folgenden Personalformen in den Konjunktiv I : -Er durfte, -er wiederholte, -er ist geworden. –sie hatte gelernt, -er brachte, - sie haben vorbereitet, -sie lud…ein. -er musste, -er ist gewesen, -sie hat getanzt, -wir aßen, -er hat
geklatscht, -sie haben ihn kommen sehen, -ich hatte sie eingeladen, -er hat es gewollt, -sie haben mich besucht, -ich ging zu ihm.

Übersicht über die Konjunktivstrukturen

Die Personalendungen Sgl. Konjunktiv: -e, -est, -e. Die Personalendungen Plural Konjunktiv: -en, -et, -en. ---Konjunktiv I Gegenwart: gebildet aus **Stamm + Personalendung, <u>Ersatzform</u> = Konjunktiv II. ---Konjunktiv I Vergan-**

genheit: -gebildet aus **Personalform Konjunktiv I** von „haben/sein" + **Partizip II.** Ersatzform = **Konjunktiv II.** ---**Konjunktiv II Gegenwart:** -gebildet aus **Präteritumstamm + Personalendung.** Ersatzform = „würde + Infinitiv". ---**Konjunktiv II Vergangenheit:** -gebildet aus **Personalform Konjunktiv II** von „haben/sein" + **Partizip II**

Test 16

Aufgabe 1: Schreiben Sie von folgenden Verben jeweils die 3. Pers. Sgl. Präsens, Präteritum und Perfekt: -Herstellen, -finden, --leiden, -versprechen, -werden, -kontrollieren, -sein, -enthalten, -vorlesen, -treffen.

Aufgabe 2: Transformieren Sie die folgenden Sätze ins Passiv: -Henri Becquerel machte 1896 beim Uran eine interessante Entdeckung. –Das Ehepaar Curie hat dann im Jahr 1898 das Uran untersucht. –Das Uran sendet radioaktive Strahlen aus. – Die radioaktiven Strahlen können Materie durchqueren. –Wir müssen heute neue Energiequellen finden.

Aufgabe 3a: Beantworten Sie die folgenden Fragen mit einem Nebensatz: -Wann antworten die Schüler? Der Lehrer fragt sie -Wann ist sie zum Arzt gegangen? Sie war krank. –Wann hat unser Sohn immer Musik gehört? Wir wollten schlafen.

Aufgabe 3b: Schreiben Sie Sätze mit „je...desto": -Ich renne schnell. Ich werde durstig. –Ich habe großen Durst. Ich trinke viel Wasser. –Die Prüfung ist wichtig. Die Studentin ist nervös.

Aufgabe 4: Transformieren Sie jeweils den 2. Hauptsatz in einen Relativnebensatz: -Lange Kanäle bringen das Wasser in die Städte. Das Wasser ist für uns Menschen sehr wichtig. –Durch lange Rohre transportiert man das Wasser in die Städte. Für diese Rohre werden sogar Brücken gebaut. –Die Probleme der Wasserversorgung sind nicht einfach zu lösen. Wir müssen die Methoden der Wasserversorgung deshalb häufig ändern. –In sehr heißen Gegenden der Erde sammelt man das Wasser in Zisternen. In gemäßigten Klimazonen werden Staudämme für das Wasser gebaut.

Aufgabe 5: Transformieren Sie den folgenden Texte in die indirekte Rede: -Die Wasser –quellen lagen außerhalb der Stadt. Dort gab es noch genug Wasser, das sauber und gesund war. Die schmutzigen Straßen der Stadt musste man täglich reinigen, aber das Wasser aus den Bergen konnte man ohne Reinigung trinken. Deshalb bauten die Stadtbewohner lange Kanäle zu den Quellen in den Bergen.

Die Lösungen der Aufgaben

Aufgabe 1: -Lérn-en, géb-en, ´änder-n, schréib-en, séh-en, kénn-en, hóff-en, géh-en, kómm-en, lächel-n.

Aufgabe 2: -Be-záhl-en, be-súch-en, ver-stéck-en, ver-káuf-en, ge-néhmig-en, ver-géb-en, ge-stéh-en, be-kómm-en, ver-brénn-en.

Aufgabe 4: -Ich besuche, –erkläre, –frage, –gehe, –verkaufe. Du besuchst, –erklärst, –fragst, –gehst, –verkaufst. Er,es,sie besucht, –erklärt, –fragt, –geht, –verkauft. Wir besuchen, –erklären, –fragen, –gehen, –verkaufen. Ihr besucht, –erklärt, –fragt, –geht, –verkauft. Sie,sie besuchen, -erklären, -fragen, -gehen, -verkaufen.

Aufgabe 5a: -Ich bezahle...ab, –reiße...ab, –schreibe...ab, –atme...aus, –suche...aus, komme...an, –atme...ein, –bereite...vor. Du bezahlst...ab, –reißt...ab, –schreibst...ab, –atmest...aus, –suchst...aus, kommst...an, –atmest...ein, –bereitest...vor. Er,es,sie bezahlt...ab, –reißt...ab, –atmet...aus, –sucht...aus, kommt...an, –atmet...ein . Wir bezahlen...ab, -reißen...ab, -schreiben...ab, -atmen...aus, -suchen...aus, -kommen...an, atmen...ein, -bereiten...vor. Ihr bezahlt. . ab, -reißt...ab, -schreibt. . ab , atmet. . aus, -sucht. . aus,-- kommt...an, - -bereitet...vor, Sie,sie bezahlen...ab, –reißen...ab, –schreiben...ab, –atmen...aus, –suchen...aus -kommen...an, -atmen...ein, –bereiten...vor.

Aufgabe 5b: -Du machst, – ich lerne, – wir/sie,Sie kommen . . an, – er,es,sie/ihr sagt, – ich erkläre, – du nennst, – du schreibst . . ab, – wir/sie,Sie besuchen, – ich öffne, – du/er,es,sie/ihr reißt.

Aufgabe 6: -Ich lade…ein ,–sehe, –laufe, –helfe, –stoße…ab, –vergesse. Du lädst…ein, –siehst, – läufst, -hilfst, –stößt…ab, -vergisst . Er,es,sie lädt…ein ,–sieht, –läuft, –hilft, –stößt…ab, – vergisst. Wir laden…ein, –sehen, –laufen, –helfen, –stoßen. . ab, –vergessen . Ihr ladet…ein, –seht, – lauft, –helft, –stoßt…ab, –vergesst . Sie,sie laden…ein, –sehen, –laufen, –helfen, –stoßen…ab ,–vergessen .

Aufgabe 8: -Ich fahre…ab, -verspreche, -lese…vor, -nehme…zu, -werde, -saufe, -vergebe, --bekomme, -weiß,--bin, -gebe…zurück. Du fährst…ab, -versprichst, -liest…vor, --nimmst…zu, -wirst, -säufst, -vergibst, -bekommst, -weißt, -bist, -gibst…zurück. Er,es,sie fährt…ab, -verspricht, -liest…vor, -nimmt…zu, -wird, - säuft, -vergibt, -bekommt, -weiß, -ist, -gibt…zurück. Wir fahren…ab, versprechen, -lesen…vor, -nehmen…zu, -werden, -saufen, -vergeben, -bekommen, -wissen, -sind, -geben…zurück. Ihr fahrt…ab , -versprecht, -lest…vor, -nehmt…zu, -werdet, -sauft, -vergebt, -bekommt, -wisst, -seid, -gebt…zurück, - Sie,sie fahren…ab, - versprechen, --lesen…vor, -nehmen…zu, -werden, -saufen, -vergeben, bekommen, -wissen, - sind, -geben…zurück.

Aufgabe 9: -Ich atme…aus, bedeute, -bilde, -finde, -öffne, -lade…ein. Du atmest…aus, -bedeutest, -bildest, -findest, -öffnest, -lädst…ein. Er,es,sie atmet...aus, -bedeutet, --bildet, -findet, -öffnet, -lädt...ein. Wir atmen...aus, -bedeuten, -bilden, -finden, -öffnen, -laden...ein. Ihr atmet...aus, -bedeutet, -bildet, -findet, -öffnet, -ladet...ein. Sie,sie atmen...aus, bedeuten, -bilden, -finden, -öffnen, -laden...ein.

Aufgabe 10: -Atmend ,– bedeutend, – bildend, – öffnend, – einladend, - schreibend.

Aufgabe 11: -Sgl. : Arbeite, -sprich...aus, atme...ein, -fahr, -finde, -nimm, -sieh, -tritt, -öffne, -lies...vor. Pl. : Arbeitet, -sprecht...aus, -atmet...ein, -fahrt, -findet, -nehmt, -seht, -tretet, -öffnet, -lest...vor. Formell: Arbeiten Sie, -sprechen Sie, -atmen Sie...ein, -fahren Sie, -finden Sie, -nehmen Sie, -sehen Sie, -treten Sie, -öffnen Sie, -lesen Sie.

Aufgabe 12: -Das Bad – die Etage – die Firma – das Gegenteil – die Küche – das Problem – die Straße –der Student – das Zimmer – das Substantiv – die Grammatik – der Algorithmus

Aufgabe 13: - Der/dieser/jeder/welcher/mancher Student - die/die/diese/alle/jene/welche/manche Studenten. ein/mein/dein/sein/ihr/unser/euer/ihr Student – meine/deine/seine/ihre/ unsere/eure/ihre Studenten --das/ dieses /jedes /jenes /welches/manches Buch – die/diese/alle/jene/welche/manche Bücher -ein/ mein/ dein/ sein/ihr/unser/euer/ihr Buch. - eine/deine/seine/ihre/unsere/eure/ihre Bücher -- die/ diese/ jede/jene/welche/manche Firma – die/diese/alle/jene/welche/manche Firmen – eine/meine/deine/seine/ihre/unsere/ eure/ihre

Firma – meine /deine/ seine/ ihre/ unsere/ eure/ihre Firmen .

Aufgabe 14: -Die Studentin/die Studentinnen – die Freundin/die Freundinnen – die Chinesin/die Chinesinnen – die Griechin/die Griechinnen – die Indonesierin/die Indonesierinnen – die Iranerin/die Iranerinnen – die Chemikerin/die Chemikerinnen – die Physikerin/die Physikerinnen – die Medizinerin/die Medizinerinnen – die Sekretärin/die Sekretärinnen – die Sängerin/die Sängerinnen – die Bäckerin/die Bäckerinnen.

Aufgabe 15: -Die Häfen – die Vorträge – die Bäume – die Bäder – die Täler – die Strände – die Häuser – die Länder – die Lüfte – die Monate – die Jahre – die Wochen – die Straßen – die Chemiker – die Pausen – die Lehrerinnen – die Mieten.

Aufgabe 16: -Das Bad, -des Bades, -dem Bad, -das Bad. Die Bäder, -der Bäder, -den Bädern, -die Bäder. - Die Küche, -der Küche, -der Küche, -die Küche. Die Küchen, -der Küchen, -den Küchen, -die Küchen . Die Straße, -der Straße, -der Straße, -die Straße. Die Straßen, -der Straßen, -den Straßen, -die Straßen. Das Zimmer, -des Zimmers, -dem Zimmer, -das Zimmer. Die Zimmer, -der Zimmer, -den Zimmern, -die Zimmer. Der Freund, -des Freundes, -dem Freund, -den Freund. Die Freunde, -der Freunde, -den Freunden, -die Freunde.

Aufgabe 17: -Ich übte, -fragte, -dankte, -erklärte, -amüsierte, -rettete, -machte…auf, -vermietete, -bereitete…vor, -öffnete, -lächelte. Du übtest, -danktest, -erklärtest, -amüsiertest, -rettetest, -machtest…auf, -vermietetest, -bereitetest…vor, -

öffnetest, -lächeltest. Er,es,sie übte, --dankte, -erklärte, -amüsierte, -rettete, -machte…auf, -vermietete, -bereitete…vor, -öffnete, -lächelte. Wir übten, -dankten, -erklärten, -amüsierten, -retteten, -machten…auf, -vermieteten, -bereiteten…vor, -öffneten, --lächelten. Ihr übtet, - danktet, -erklärtet, -amüsiertet, -rettetet, -machtet…auf, -vermietetet, -bereitetet…vor, -öffnetet, -lächeltet. Sie,sie übten, -dankten, erklärten, -amüsierten, -retteten, -machten…auf, -vermieteten, -bereiteten…vor, -öffneten, -lächelten.
Aufgabe 18: -**Gruppe A**: Ich brannte , -du branntest, -er,es,sie brannte, -wir brannten, -ihr branntet, -sie,Sie brannten. Ich kannte, -du kanntest, -er,es,sie kannte, -wir kannten, -ihr kanntet, -sie,Sie kannten. Ich nannte, -du nanntest, -er,es,sie nannte, -wir nannten, -ihr nanntet, -sie,Sie nannten. Ich rannte, -du ranntest, -er,es,sie rannte, -wir rannten, -ihr ranntet, -sie,Sie rannten. **Gruppe B 1) und 2**): Ich durfte, -konnte, -musste, -wusste, -mochte. Du durftest, -konntest, -musstest, -wusstest, -mochtest. Er,es,sie durfte, -konnte, -musste, -wusste, -mochte, - Wir durften, -konnten, -mussten, -wussten, -mochten. Ihr durftet, -konntet, -musstet, -wusstet, -mochtet. Sie,sie durften, -konnten, -mussten, -wussten, -mochten. -**Gruppe C:** Ich brachte –dachte. Du brachtest, -dachtest. Er,es,sie brachte, -dachte. Wir brachten, -dachten. Ihr brachtet, -dachtet. Sie,sie brachten, -dachten. -
Einzelvarianten: Ich hatte –wurde. Du hattest, -wurdest. Er,es,sie hatte, -wurde. Wir hatten, -wurden. Ihr hattet, -wurdet. Sie,sie hatten, -wurden.

Aufgabe 19: -Ich schrieb, -erfuhr, -trug, -nahm...zu, -band, -hielt...fest, -gab...ab, -versprach, -lud...ein. Du schriebst, -erfuhrst, -trugst, -nahmst...zu, -bandest, -hieltest...fest, -gabst...ab, -versprachst, -ludest...ein. Er,es,sie schrieb, -erfuhr, -trug, -nahm...zu, -band, -hielt...fest, -gab...ab, -versprach, lud...ein. Wir schrieben, erfuhren, -trugen, -nahmen...zu, -banden, -hielten...fest, -gaben...ab, -versprachen, -luden...ein. Ihr schriebt, -erfuhrt, -trugt, -nahmt...zu, -bandet, -hieltet...fest, -gabt...ab, -verspracht, -ludet...ein. Sie,sie schrieben, -erfuhren, -trugen, -nahmen...zu, -banden, -hielten...fest, -gaben...ab, -- versprachen, -luden...ein.

Aufgabe 20: -Ich bat, -ging, -fiel, -kam, -war, -stand, -traf, --zog. Du batest, -gingst, -fielst, -kamst, -warst, -standest, -trafst, -zogst. Er,es,sie bat, -ging, -fiel, -kam, -war, -stand, -traf, -zog. - Wir baten, -gingen, -fielen, -kamen, -waren, -standen, -trafen, -zogen. - Ihr batet, -gingt, -fielt, -kamt, -wart, -standet, --traft, -zogt. Sie,sie baten, -gingen, -fielen, -kamen, -waren, -standen, -trafen, -zogen.

Aufgabe 21: - Er gedenkt/ gedachte seines Vaters. - Wir hören/hörten der Musik zu. - Ihr applaudiert /applaudiertet dem Sänger. - Ich bitte/ bat meinen Freund. - Die Mutter sieht/ sah ihren Sohn. . Dieses Buch gehört/gehörte meinem Bruder. - Meine Großmutter bereitet/bereitete das Abendessen vor.

Aufgabe 22: - Ich kaufe/kaufte meinem Sohn einen Mantel. - Mein Bruder gibt/gab seinem Freund ein Buch. - Unser Vater schreibt/schrieb seiner Familie einen Brief. - Wir vermieten/vermieteten der Studentin ein Zimmer. - Der Lehrer erklärt/erklärte den Studenten die Grammatikregeln.

Aufgabe 23: -Er blutet/blutete – er schläft... ein/schlief... ein. – er errötet/errötete – er erwacht/erwachte – er friert/fror – er lächelt/lächelte – er scherzt/scherzte – er verarmt/verarmte – er verblüht/verblühte – er verfault/verfaulte – er verstummt /verstummte – er friert.. zu/fror.. zu

Aufgabe 24: - Ich hole sie ab. Ich hole ihn ab. - Es geht ihr gut. Es geht ihm gut. - Er will ihn besuchen. - Ich schreibe ihn ihm. – Er hilft ihr oft. – Sie rufen ihn an. - Er erlaubt es ihm nicht.

Aufgabe 25: - Sie wäscht sich. - Wir waschen uns. – Ich wasche mir meine Hände. – Kaufst du dir ein neues Auto? – Ich freue mich auf unsere Reise. – Ich setze mich. – Sie sieht sich im Spiegel. – Wir sahen uns nach vielen Jahren wieder.

Aufgabe 26:
Geübt –gefragt –geglaubt –gedankt –gemacht – gehabt –gedeutet –eingeübt –ausgebildet – eingeatmet.

Aufgabe 27a: -Benutzt –erklärt –versucht –addiert –subtrahiert –dividiert –telefoniert –vermietet - genehmigt –amüsiert –vorbereitet.

Aufgabe 27b: -Durchsucht –befohlen – abgebrochen –durchgeatmet –zubereitet – zugemacht.

Aufgabe 29: -Geschrieben –gefahren –getragen – ausgetrunken –abgegeben –gesprochen –gesehen – gekommen –geworden.

Aufgabe 30a: -Beschrieben –betragen –entnommen –versprochen –vergeben –erfahren –verstanden – enthalten.

Aufgabe 30b: -Abgeschrieben –zugenommen – abgegeben –vorgelesen –zerschnitten.

Aufgabe 32: -Ich habe/hatte gefunden –du hast/hattest gefunden –er,es,sie hat/hatte gefunden –wir haben/hatten gefunden –ihr habt/hattet gefunden – sie/Sie haben/hatten gefunden . Ich habe/hatte gelesen –du hast/hattest gelesen –er,es,sie hat/hatte gelesen –wir haben/hatten gelesen –ihr habt/hattet gelesen – sie/Sie haben/hatten gelesen. Ich habe/hatte versucht –du hast/hattest versucht –er,es,sie hat/hatte versucht –wir haben/hatten versucht –ihr habt/hattet versucht –sie/Sie haben/hatten versucht.

Aufgabe 33a: -Ich bin/war gefahren –du bist/warst gefahren –er,es,sie ist/war gefahren –wir sind/waren gefahren –ihr seid/wart gefahren – sie/Sie sind/waren gefahren . Ich bin/war gewesen –du bist/warst gewesen –er,es,sie ist/war gewesen –wir sind/waren gewesen –ihr seid/wart gewesen – sie/Sie sind/waren gewesen . Ich bin/war geworden –du bist/warst geworden –er,es,sie ist/war geworden -wir sind/waren geworden –ihr seid/wart geworden –sie/Sie sind/waren geworden .

Aufgabe 33b : Wir haben/hatten ihren Sohn zu seinen Eltern gefahren. - Er hat/hatte die Mauer übersprungen. – Sie hat/hatte einen neuen Rekord geschwommen. – Ich habe/hatte ein störrisches Pferd geritten. – Das Kind hat/hatte die Vase umgestoßen. – Der Pilot hat/hatte uns sicher über das Gebirge geflogen. –Wir sind zu spät gekommen.

Aufgabe 34: -Er hat viel lernen müssen. –Wir haben in das Kino gehen dürfen. - Sie hat Klavier spielen können. –Ich habe ihn kommen sehen. - Er hat mir helfen sollen. – Sie hat es versuchen wollen. -Sie haben mich singen hören. – Du hast nicht rauchen sollen. -Sie hat ihn bezahlen lassen.

Aufgabe 35: -**Futur I:** I: Ich werde essen –du wirst essen –er,es,sie wird essen –wir werden essen –ihr werdet essen –sie/Sie werden essen . Ich werde fragen –du wirst fragen –er,es,sie wird fragen –wir werden fragen –ihr werdet fragen -Sie,sie werden fragen. Ich werde versuchen –du wirst versuchen –er,es,sie wird versuchen –wir werden versuchen –ihr werdet versuchen –sie/Sie werden versuchen. **Futur II:** Ich werde gegessen haben –du wirst gegessen haben –er,es,sie wird gegessen haben –wir werden gegessen haben –ihr werdet gegessen haben –sie/Sie werden gegessen haben . Ich werde gefragt haben –du wirst gefragt haben –er,es,sie wird gefragt haben –wir werden gefragt haben –ihr werdet gefragt haben –sie/Sie werden gefragt haben. Ich werde versucht haben –du wirst versucht haben –er,es,sie wird versucht haben –wir werden versucht haben –ihr werdet versucht haben –sie/Sie werden versucht haben.

Aufgabe 36 ; - Wir gegen in **die** Stadt. -Sie tanzt auf **der** Straße. -Das Auto steht vor **dem** Haus. -Sie fährt das Auto hinter **das** Haus. -Ich fahre an **das** Meer. -Ich wohne in **dem** Hotel „Zur Sonne". –Er arbeitet in **der** Nacht. -Wir setzen uns an **den**

Tisch. -Der Tisch steht in **der** Ecke. -Er hängt seinen Mantel in **den** Schrank. - Ich setze mich neben **meine** Eltern. - Das Foto meiner Eltern hängt an **der** Wand. -Er kommt aus **der** Stadt Aachen. -Die Studenten wollen zu **dem** Konzert gehen. . -Nach **seinem** Tod erbte seine Tochter das Haus. -Er stößt mit **dem** Fahrradfahrer zusammen. -Ich habe außer **dem** Motorrad noch ein Auto. - Peter kauft sich statt **des** Motorrads ein Auto. - Vor **der** Ampel bleibt er stehen. - Wir müssen durch **die** Stadt und um **den** Park fahren. - Sie interessiert sich für **die** Musik. -Er hat große Probleme wegen **des** Lärms. -Wir essen ohne **die** Kinder. -Er starb in **dem** Jahr 1972. - Ich kenne ihn seit **dem** Jahr 2000.

<u>Aufgabe 37:</u> -Mit wem spricht sie? –Über wem schwebt der Luftballon? –Von wem erhält er einen Brief? – Für wen bezahle ich? – Für wen kaufen wir Geschenke? – Ohne wen fährt er?

<u>Aufgabe 38:</u> -Wovon bin ich begeistert? –Womit fährt sie täglich? –Wovon ist unser Schulsystem sehr verschieden? –Wofür dankt er mir? –Worauf warte ich? –Worauf haben wir uns gut vorbereitet?

<u>Aufgabe 39:</u> -Sie spricht mit ihm. –Ich bin davon begeistert. –Ich fahre zu ihnen. –Sie fährt täglich damit. –Er erhält einen Brief von ihr. –Unser Schulsystem ist davon sehr verschieden. –Ich bezahle für sie. –Er dankt mir dafür. –Wir kaufen Geschenke für sie. –Ich warte darauf. Er fährt ohne sie. –Wir haben uns gut darauf vorbereitet.

<u>Aufgabe 40a:</u> -Er trinkt seinen Kaffee. –Ich bezahle meine Miete. –Wir dürfen in das Kino gehen. –Wir fahren zu meinen Eltern ab. –Sie erwartet ihren

Freund. –Er gibt mein Buch zurück. –Ich sehe ihn kommen. –Sie liest ihrem Sohn das Buch vor. –Sie hören mich singen. –Wir helfen unseren Eltern bei der Gartenarbeit.

Aufgabe 40b: -Er hat seinen Kaffee getrunken. –Ich habe meine Miete bezahlt. –Wir haben in das Kino gehen dürfen. –Wir sind zu meinen Eltern abgefahren. –Sie hat ihren Freund erwartet. –Er hat mein Buch zurückgegeben. –Ich habe ihn kommen sehen. –Sie hat ihrem Sohn das Buch vorgelesen. –Sie hat mich singen hören. –Wir haben unseren Eltern bei der Gartenarbeit geholfen.

Aufgabe 41a: -Holst du deine Tochter ab? –Schreibt er seinem Freund einen Brief? –Ruft sie ihre Eltern an? –Fliegt die Rakete 27000 km in der Stunde? –Hat der Weltraumflug der Menschheit großen Nutzen gebracht? – Kann man mit kleinen Mengen Uran sehr viel Energie gewinnen?

Aufgabe 41b: -Schreibt eurem Freund einen Brief! –Hilf deinem Freund! –Ruft eure Eltern an! –Bereite dich auf deine Prüfung vor! –Seid leise! –Gib das Buch zurück!

Aufgabe 42: - Peter kauft die Fahrkarten, während Paul sich nach der Abfahrtzeit des Zuges erkundigt. –Ich bereite mich auf meine Prüfung vor, während mein Freund ins Kino geht. – Die Fluggäste schnallen sich an, während das Flugzeug zur Startbahn rollt. – Der Pilot studiert die Wetterkarte, während der Bordingenieur die Instrumente kontrolliert. – Paula stellt die Blumen auf den Tisch, während Petra das Geschirr holt. - Es schneit, während wir im warmen Zimmer sitzen.

Aufgabe 43a: - Ich gehe zum Zahnarzt, wenn ich Zahnschmerzen habe. – Wir bleiben zu Hause, wenn es regnet. – Sie fährt zu ihren Eltern, wenn sie Ferien hat. – Er kommt aus den Ferien zurück, wenn das Semester beginnt. –Man entlässt viele Arbeiter, wenn es nicht genügend Arbeit gibt.

Aufgabe 43b: - Man verschloss früher immer die Stadttore, wenn es abends dunkel wurde. - Früher brachen immer Seuchen aus, wenn Krieg herrschte. –Sogar Kinder mussten am Tag arbeiten, als in Deutschland die Industrialisierung begann. – Die Kaufleute mussten in Deutschland Zollgrenzen passieren, als sie vor 300 Jahren von Hamburg nach München fuhren. –Menschen wanderten von Europa nach Amerika aus, als man sie aus religiösen oder politischen Gründen verfolgte.

Aufgabe 44: - Ich frage, warum es Probleme an den Hochschulen gibt. - Ich frage, womit Peter unzufrieden ist. – Ich frage, warum man die Arbeiter entlässt. –Ich frage, ob er heute zum Mittagessen kommt. -Ich frage, mit wem sie gesprochen hat. – Ich frage, von wem er einen Brief erhalten hat. – Ich frage, ob er seine Prüfung bestanden hat. -Ich frage, um wie viel Uhr wir abfahren. –Ich frage, ob man die Herkunft des Geldes eindeutig bestimmen konnte.

Aufgabe 45: - Die Probleme sind gewachsen, weil die Hochschulen auf die neue politische Situation reagieren. – Peter bereitet sich mithilfe seiner eigenen Notizen auf die Prüfung vor, weil er mit dem Lehrbuch nicht zufrieden ist. – Jeder ausländische Student hat andere Lerngewohnheiten, weil jedes

Land ein anderes Schulsystem hat. – Ibrahim spricht gut Englisch, weil sein Heimatland eine englische Kolonie gewesen ist. – Man hat die Arbeiter entlassen, weil man das Werk stillgelegt hat.

Aufgabe 46: -- Er geht zum Deutschunterricht, obwohl er Fieber hat. – Er spielt Fußball, obwohl es stark regnet. – Die Frau meines Freundes arbeitet halbtags, obwohl mein Freund und seine Frau 4 Kinder haben. – Peter hat nur wenig Kontakt zu seinen Kommilitonen, obwohl er viele von ihnen sympathisch findet. – Paul ist von dem Lehrbuch nicht begeistert, obwohl es leicht verständlich ist.

Aufgabe 47: - Bevor er in den Zug steigt, kauft er sich eine Fahrkarte. - Bevor ich einen Apfel esse, wasche ich ihn. -Bevor wir unsere kranke Mutter besuchen, kaufen wir einen Blumenstrauß. - Bevor Peter mit seinem Auto nach Italien fährt, überprüft er es sorgfältig. -Bevor man in vielen Geschäften Überwachungskameras installiert, gab es viele Diebstähle.

Aufgabe 48: -Nachdem er eine Fahrkarte gekauft hat, steigt er in den Zug. - Nachdem ich einen Apfel gewaschen habe, esse ich ihn. - Nachdem sie ihren Brief in einen Briefumschlag gesteckt hatte, hat sie ihn zum Briefkasten gebracht. - Nachdem wir einen Blumenstrauß gekauft hatten, gingen wir unsere kranke Mutter besuchen. -Nachdem Peter sein Auto sorgfältig überprüft hat, fährt er mit ihm nach Italien. - Nachdem es in den Geschäften viele Diebstähle gegeben hatte, hat man Überwachungskameras eingebaut. - Nachdem der Autofahrer ohne Unterbrechung 8 Stunden gefahren ist, macht er eine lange Pause. - Nachdem der Autofahrer lange und ausgiebig gefrühstückt hatte, setzte er seine Autofahrt fort.

Aufgabe 49: -Statt dass Peter Bier trinkt, trinkt er Tee. - Statt dass sie Peter heiratet, heiratet sie Paul. -Statt dass meine Schwester zu uns kam, ging sie ins Kino. - Statt dass ich an der Prüfung teilnahm, flog ich nach Florida. - Statt dass sie Fleisch isst, isst sie Gemüse.

Aufgabe 50: -Der Ausländer steht zwischen seinen deutschen Kommilitonen, ohne dass er ihre Unterhaltung versteht. - Das Wasser in unseren Städten ist für uns selbstverständlich, ohne dass wir die Probleme der Wasserversorgung kennen. - Der Mensch benutzt die Atomtechnik, ohne dass er die Risiken dieser Technik beachtet. -Viele Bäume sind durch die Abgase der Industrie krank, ohne dass die Menschen dies beachten.

Aufgabe 51: -Peter spricht mit Paula, damit sie eine Party für alle Kursteilnehmer organisiert. - Paul telefoniert mit seinen Eltern, damit sie ihm Geld schicken. - Peter kauft 50 Lottolose, damit er endlich gewinnt. - Unsere Städte benötigen ständig viel Energie, damit die Stadtbewohner in ihren Wohnungen Licht und Wärme haben. - Viele Menschen protestieren gegen die Umweltpolitik der Regierung, damit die Regierung ihre Politik ändert.

Aufgabe 52: - Anstatt Tee zu trinken, trinkt Peter Bier. - Anstatt Paul zu heiraten, heiratet sie Peter. - Meine Schwester kam zu uns, anstatt ins Kino zu gehen. - Anstatt nach Florida zu fliegen, nahm ich an der Prüfung teil. - Anstatt Gemüse zu essen, isst sie Fleisch.

Aufgabe 53: - Der Ausländer steht zwischen seinen deutschen Kommilitonen, ohne ihre Unterhaltung zu verstehen. –Das Wasser ist manchmal trübe, ohne uns aber zu schaden. - Ohne die Risiken der Nukleartechnik zu beachten, benutzt der Mensch sie. –Bei einem Sturm fallen viele Bäume um, ohne aber krank zu sein.

Aufgabe 54: -Peter spricht mit Paula, um von ihr ein Buch zu bekommen. –Peter telefoniert mit seinen Eltern, ihm von ihnen Geld zu bekommen. - Peter kauft 50 Lottolose, um endlich zu gewinnen. -Unsere Städte benötigen viel Energie, um Licht und Wärme zu haben. –Die Regierung beschließt ein Gesetz, um ihre Umweltpolitik ändern zu können.

Aufgabe 55: - Die finnische Studentin heißt Paula. - Eine gesuchte Automarke ist Mercedes. - Die ausländischen Studenten lernen fleißig die deutsche Sprache. -Der deutsche Lehrer liest laut aus einem blauen Buch. -Mit geschlossenen Augen hört sie das traurige Lied. - Wir sehen laut schreiend das sinkende Schiff.

Aufgabe 56: - Der deutsche Lehrer, -des deutschen Lehrers, -dem deutschen Lehrer, -den deutschen Lehrer. – Die deutschen Lehrer, -der deutschen Lehrer, -den deutschen Lehrern, -die deutschen Lehrer. - Das gekaufte Buch, -des gekauften Buches, -dem gekauften Buch, -das gekaufte Buch. Die gekauften Bücher, -der gekauften Bücher, -den gekauften Büchern, -die gekauften Bücher. - Die finnische Studentin, -der finnischen Studentin, -der finnischen Studentin, -die finnische Studentin. Die finnischen Studentinnen, -der finnischen Studentinnen, -den finnischen Studentinnen, -die finnischen Studentinnen. - Das weinende Kind, -des weinenden Kindes, -dem weinenden Kind, -das weinende Kind. Die weinenden Kinder, -der weinenden Kinder, -den weinenden Kindern, -die weinenden Kinder.

Aufgabe 57: -Mein ausländischer Freund, ein alltägliches Gespräch, kein gutes Geschäft, ein geöffnetes Fenster, ein großes Land, ein interessantes Buch, sein spanischer Kommilitone, mein singender Sohn.

Aufgabe 58a: -Spanischer Wein, -spanischen Weins, -spanischem Wein, -spanischen Wein. Spanische Weine, -spanischer Weine, -spanischen Weinen,-spanische Weine. Geöffnetes Fenster, -geöffneten Fensters, -. geöffnetem Fenster, -geöffnetes Fenster. Geöffnete Fenster, -geöffneter Fenster, -geöffneten Fenstern, -geöffnete Fenster. Laut singender Student, -laut singenden Studenten, -laut singendem Studenten,- laut singenden Studenten. Laut singende Studenten, -laut singender Studenten,- laut singenden Studenten, -laut singende Studenten. Frisch gestrichene Wand, -frisch gestrichener Wand, -frisch gestrichener Wand, -frisch gestrichene Wand. Frisch gestrichene Wände, -frisch gestrichener Wände, -frisch gestrichenen Wänden, -frisch gestrichene Wände.

Aufgabe 58b: -Mit geöffnetem Buch, -ausländische Studentinnen, - gute Geschäfte, -alltägliche Gespräche, -mit geschlossenen Augen, -großer Lärm, -frisches Obst, -in vielen Ländern, -vergangene Tage.

Aufgabe 59: -Kalorienarm. .... wolkenlos. .... fieberfrei. . sauerstoffarm. ...rohstoffarm. ...regenlos. ...kostenlos. ...verkehrsreich. ...hilflos.

Aufgabe 60: -Tief wie ein Abgrund, -hart wie Eisen, -schwarz wie Pech, -grün wie Gras, -blau wie der Himmel, -süß wie Honig, -klar wie Kristall, -lang wie ein Meter, -groß wie ein Riese, -weiß wie Schnee, -klar wie die Sterne.

Aufgabe 61: - Ich half den Studenten, denen meine Hilfe sehr angenehm war. - Die Kohle, die Deutschlands größte Energiequelle ist, baut man im Bergwerk oder über Tage ab. - Peter hat eine Wohnung, die in der Nähe der Universität liegt. -Es gibt 4 Jahreszeiten, die Frühling, Sommer, Herbst und Winter heißen. - In unseren Städten gibt es viele Autos, die große Umweltschäden verursachen.

Aufgabe 62: - Mein Zimmer hat ein großes Fenster, durch das ich in den Garten sehe. - Die tropischen Regenwälder, mit denen wir Menschen die „Lungen der Menschheit" zerstören, produzieren viel Sauerstoff. - Wasserleitungen, für die man sogar Brücken gebaut hat, transportieren das Wasser in unsere Städte.

Aufgabe 63: - Meine Freundin sucht eine Wohnung, deren Miete möglichst niedrig sein soll. - Peter besucht heute unseren Freund Paul, dessen Freundin in dem selben Haus wohnt. - In den Städten, deren Energieverbrauch hoch ist, wohnen viele Menschen. -Ich sehe in einen Garten, auf dessen

Wiese häufig Kinder spielen. -Der Student fährt ein altes Auto, dessen Armaturen aus Buchenholz sind.

<u>Aufgabe 64a:</u> -Wärmer, am wärmsten, -langsamer, am langsamsten – dünner, am dünnsten –tiefer, am tiefsten – fleißiger, am fleißigsten –wichtiger, am wichtigsten –nervöser, am nervösesten –länger, am längsten –besser, am besten –schlechter, am schlechtesten.

<u>Aufgabe 64b:</u> -Der reichere Kaufmann, der reichste Kaufmann –die längere Reise, die längste Reise – der ältere Freund, der älteste Freund –das bessere Hotel, das beste Hotel –der höhere Berg, der höchste Berg - das wärmere Zimmer, das wärmste Zimmer, -mehr Geld, das meiste Geld –die lustigere Geschichte, die lustigste Geschichte.

<u>Aufgabe 65:</u> - Je wichtiger die Prüfung ist, desto nervöser sind die Studenten. - Je fleißiger die Studenten lernen, desto größer sind ihre Prüfungschancen. -Je lauter einige Studenten singen, desto mehr ärgern sich andere Studenten . - Je mehr Bier Peter trinkt, desto lustiger wird er. - Je länger die Sonne scheint, desto trockener wird die Erde. - Je schneller Paul rennt, desto zeitiger kommt er nach Hause.

<u>Aufgabe 66:</u> - Von allen Kursteilnehmern wurde diese Idee mit Begeisterung aufgenommen. - Von den Studenten wurden sofort Arbeitsgruppen gebildet. -Ein Programm wurde von ihnen vorbereitet. -Von einigen Studenten wurden Fotos aus ihrer Heimat mitgebracht. - Zum Abschluss des Festes wurden von allen Teilnehmern Volkslieder gesungen.

Aufgabe 67: - Von Peter wird begeistert geklatscht. -Von Paul wurde den Studenten bei der Vorbereitung des Festes geholfen. -Bei diesem Fest wurde von keinem Studenten geraucht. -Mit den Studentinnen wurde von dem Lehrer getanzt. -Von allen Festteilnehmern wurde interessiert den Volksliedern zugehört.

Aufgabe 68: - Ein Kursusfest wurde veranstaltet. -Auch die Sekretärin des Kursus wurde eingeladen. -Internationale Volkslieder wurden gesungen. -Sogar Volkstänze wurden aufgeführt. -Begeistert wurde geklatscht. -Durch ein solches Fest werden viele Vorurteile beseitigt.

Aufgabe 69: -Ein Fest ist von den Studenten veranstaltet worden. -Auch die Sekretärin des Kursus ist eingeladen worden. -Von einigen Studenten sind Fotos aus ihrer Heimat mitgebracht worden. -Von Juan ist ein Volkstanz seiner spanischen Heimat vorgeführt worden. -Es ist begeistert geklatscht worden. -Viele Vorurteile sind von dem Fest beseitigt worden. - Bei den Vorbereitungen war von Paul geholfen worden. -Ihm ist deshalb von den Festteilnehmern ein Buch geschenkt worden.

Aufgabe 70: -Bei einem Fest durfte nicht geraucht werden. -Von Juan sollte ein Volkstanz seiner Heimat vorgeführt werden. -Solche Feste sollen häufiger gefeiert werden. -Ich durfte nicht von meiner Schwester begleitet werden. -Unsere Städte müssen von uns mit Wasser versorgt werden. -Aus Erdöl können viele Dinge unseres täglichen Lebens hergestellt werden.

Aufgabe 71a: Ich l(achte) würde lachen, -du (lachtest) würdest lachen, -er/es/sie (lachte) würde lachen, -wir (lachten) würden lachen, -ihr (lachtet) würdet lachen, -sie/Sie (lachten) würden lachen. – Ich wüsste, -du wüsstest, -er/es/sie wüsste, -wir wüssten, - ihr wüsstet, - sie/Sie wüssten. –Ich dürfte, -du dürftest, -er/es/sie dürfte, -wir dürften, -ihr dürftet, -sie/Sie dürften.

Aufgabe 71b: -Ich (wiederholte) würde wiederholen, -sie (veranstalteten) würden veranstalten , -sie (lernte) würde lernen, -ich brächte, -sie (bereiteten...vor) würden vorbereiten , -wir (tanzten) würden tanzen, -er (klatschte) würde klatschen, -sie (hörten...zu) -würden zuhören, -er dürfte.

Aufgabe 72a: -Ich äße, -du äßest, -er/es/sie äße, -wir äßen, -ihr äßet, -sie/Sie äßen. Ich lüde...ein, -du_lüdest...ein, -er/es/sie lüde. . ein, -wir lüden...ein, ihr lüdet...ein, sie/Sie lüden...ein. –Ich ginge, -du gingest, -er/es/sie ginge, -wir (gingen) würden gehen, -ihr ginget, -sie/Sie (gingen) würden gehen.

Aufgabe 72b: -Ich käme, -sie tränken, -sie pfiffe, -ich sänge, -sie führen...weg, -wir kämen...an, -ihr (fielt) würdet fallen, -du (stiegst...ein) würdest einsteigen, -er würde, -sie wären.

Aufgabe 73a: -Ich wäre, -du wärest, -er/es/sie wäre, -wir wären, -ihr wäret, -sie/Sie wären. - Ich (lächelte) würde lächeln, -du (lächeltest) würdest lächeln, -er/es/sie (lächelte) würde lächeln, -wir (lächelten) würden lächeln, ihr (lächeltet) würdet lächeln, sie/Sie (lächelten) würden lächeln. - Ich tränke...aus, -du tränkest ...aus, -er/es/sie tränke...aus, -wir tränken...aus, -ihr tränket...aus, -sie/Sie tränken. . aus.

Aufgabe 73b: -Sie hätten veranstaltet, -ich hätte wiederholt, -er wäre geworden, -sie hätte gelesen, -ich hätte gebracht, -er hätte gedurft, -sie hätte begonnen, -ich hätte sie eingeladen, -er wäre gewesen, -sie hätte getanzt, -ihr hättet gemusst, -ich hätte gegessen, -er hätte geklatscht, -wir hätten ihn kommen sehen, -ich wäre zu ihm gegangen.

Aufgabe 74: - Wenn er die Prüfung bestanden hätte/Hätte er die Prüfung bestanden, hätte er nicht nach Hause zurückkehren müssen. - Wenn sie nicht krank wäre/Wäre sie nicht krank, könnte sie uns besuchen. - Wenn die Temperatur hoch genug gewesen wäre/Wäre die Temperatur hoch genug gewesen, hätte die beabsichtigte Reaktion stattgefunden. - Wenn ich nicht zu schnell gefahren wäre/Wäre ich nicht zu schnell gefahren, hätte ich keinen Unfall verursacht. - Wenn die Kernspaltung nicht entdeckt worden wäre/Wäre die Kernspaltung nicht entdeckt worden, wären wir auf die Öl- und Kohlevorräte der Erde angewiesen. - Wenn er eine Brille hätte/Hätte er eine Brille, könnte er mich erkennen. -Wenn es nicht sehr kalt wäre/Wäre es nicht sehr kalt, erfrören nicht die Pflanzen. - Wenn beide Gewichte die gleiche Masse hätten/Hätten beide Gewichte die gleiche Masse, wäre die Waage im Gleichgewicht geblieben.

Aufgabe 75: - Er singt, als wenn er ein Operntenor wäre/als wäre er ein Operntenor. -Dieses Holz ist hart, als ob es Stein wäre/als wäre es Stein. -Dieser Saft ist süß, als wenn er Honig wäre/als wäre er

Honig. -Dieses Metall glänzt, als ob es Gold wäre/als wäre es Gold. -Der Student doziert, als wenn er ein Professor wäre/als wäre er ein Professor. -Die Flüssigkeit sieht aus, als ob sie Wasser wäre/als wäre sie Wasser.

Aufgabe 76: -Er dürfe, -er wiederhole, -er werde, -sie lerne, -er bringe, -sie bereiteten…vor, -sie lade…ein, -er müsse, -er sei, -sie tanze, -wir äßen, -er klatsche, -sie sähen ihn kommen, -ich lüde sie ein, -er wolle, -sie besuchten mich, -ich ginge zu ihm.

Aufgabe 77: -Er habe gedurft, -er habe wiederholt, -er sei geworden, -sie habe gelernt, -er habe gebracht, -sie hätten vorbereitet, -sie habe eingeladen, -er habe gemusst, -er sei gewesen, -sie habe getanzt, -wir hätten gegessen, -er habe geklatscht, -sie hätten ihn kommen sehen, -ich hätte sie eingeladen, -er habe es gewollt, -sie hätten mich besucht, -ich sei zu ihm gegangen.

Die Lösungen der Tests

Test 01

Aufgabe 1: Er,es,sie –öffnet, -vermietet, -weiß, -darf, -kann, -bezahlt, -macht…auf, -sieht, -kommt…an,

Aufgabe 2: -1. Pers. Sgl. /3. Pers. Sgl. , -2. Pers. Sgl. , -2. Pers. Sgl. , -3. Pers. Sgl. /2. Pers. Pl. , -1. Pers. Sgl. , -1. Pers. Pl. /3. Pers. Pl. , -1. Pers. Sgl. /3. Pers. Sgl. „ -2. Pers. Sgl. , -2. Pers. Pl. , -3. Pers. Sgl. / 2. Pers. Pl.

Aufgabe 3: -Lern/lernt, -hör…zu/hört…zu, -komm/kommt, -iss/esst, -versuch/versucht, - finde/findet, -schlaf…ein/schlaft…ein, -schreib/schreibt, -sieh/seht, -fahr/fahrt.

Aufgabe 4: -Ankommend, -schlafend, -besichtigend, -lesend, -schreibend.

Test 02

Aufgabe 1: Er,es,sie –lacht, -verspricht, -macht…auf, -fällt, -beträgt, -bietet, -bittet, -schläft…ein, -sitzt, -korrigiert.

Aufgabe 2: Der Tag, des Tages, dem Tag, den Tag - die Tage, der Tage, den Tagen, die Tage. -Das Buch, des Buches, dem Buch, das Buch - die Bücher, der Bücher, den Büchern, die Bücher. - Die Aufgabe, der Aufgabe, der Aufgabe, die Aufgabe - die Aufgaben, der Aufgaben, den Aufgaben, die Aufgaben.

Aufgabe 3: -Die Zeitung, die Zeitungen, -Der Baum, die Bäume,-Der Monat, die Monate, -Die Minute, die Minuten, -Die Woche, die Wochen.

Aufgabe 4: -Die Studentin, die Studentinnen, -die Tänzerin, die Tänzerinnen, -die Biologin, die Biologinnen, -die Medizinerin, die Medizinerinnen, -die Freundin, die Freundinnen.

Test 03

Aufgabe 1: Er,es,sie -trifft/traf – verspricht/versprach – steht…auf/stand…auf – fällt/fiel – mietet/mietete – legt/legte – liegt/lag – schläft…ein/schlief…ein – schadet/schadete – korrigiert/korrigierte.

Aufgabe 2: Ich/er,es,sie durfte – ich/er,es,sie fiel – du musstest –ich/er,es,sie sprach – wir/sie konnten – ihr kanntet – ich/er,es,sie bot -ihr badetet – ich/er,es,sie sah – ihr trugt.

Aufgabe 3: Das Buch/die Bücher. – Der Physiker/die Physiker. – Die Krankheit/die Krankheiten. – Die Lösung/die Lösungen. – Die Möglichkeit/die Möglichkeiten. – Der Tag/die Tage. – Die Bäckerei/die Bäckereien. – Der Baum/die Bäume. – Der Arm/die Arme. – Die Nation/die Nationen.

Aufgabe 4a: Die Lehrerin/die Lehrerinnen. – Die Tänzerin/die Tänzerinnen . –Die Türkin/die Türkinnen . – Die Bäckerin/die Bäckerinnen. – Die Medizinerin/die Medizinerinnen.

Aufgabe 4b: Die Lehrerin, der Lehrerin, der Lehrerin, die Lehrerin – die Lehrerinnen, der Lehrerinnen, den Lehrerinnen, die Lehrerinnen. -. - Die Tänzerin, der Tänzerin, der Tänzerin, die Tänzerin – die Tänzerinnen, der Tänzerinnen, den Tänzerinnen, die Tänzerinnen. -. - Die Türkin, der Türkin, der Türkin, die Türkin – die Türkinnen, der Türkinnen, den Türkinnen, die Türkinnen. -. - Die Bäckerin, der Bäckerin, der Bäckerin, die Bäckerin – die Bäckerinnen, der Bäckerinnen, den Bäckerinnen, die Bäckerinnen.

Test 04

Aufgabe 1: Er,es,sie öffnet/öffnete – schließt/schloss – trägt/trug - vermietet/ vermietete – will/wollte – gibt...weg/gab...weg – ertrinkt/ertrank – bringt/brachte – lacht/lachte – kennt/kannte.

Aufgabe 2a: Der Vater hilft den Söhnen. – Ich trage meiner Mutter die Tasche. – Wir lernen die deutsche Sprache. – Die Schülerinnen singen dem Lehrer ein Lied. – Er öffnet den Eltern die Tür.

Aufgabe 2b: Der Vater half den Söhnen. – Ich trug meiner Mutter die Tasche. – Wir lernten die deutsche Sprache. – Die Schülerinnen sangen dem Lehrer ein Lied. – Er öffnete den Eltern die Tür.

Test 05

Aufgabe 1: Er,es,sie schneidet , schnitt, geschnitten – muss, musste, gemusst – besteht, bestand, bestanden – geht, ging, gegangen – atmet …aus, atmete …aus, ausgeatmet – zieht, zog, gezogen – bekommt, bekam, bekommen – ist, war, gewesen – pfeift, pfiff, gepfiffen - antwortet, antwortete, geantwortet.

Aufgabe 2: Der Bruder/die Brüder. – Die Hand/die Hände. – Die Wissenschaft/ die Wissenschaften. – Die Fünf/die Fünfen. – Die Nation/die Nationen. – Die Türkin/die Türkinnen. – Der Hals/die Hälse. – Der Baum/die Bäume. – Die Fleischerei/die Fleischereien. – Die Zeitung/die Zeitungen.

Aufgabe 3: Ich/er,es,sie darf = Präsens, – du fällst = Präsens, – du siehst = Präsens, – ich/er,es,sie lachte = Präteritum, – wir/sie,Sie hörten = Präteritum ,– wir/sie,Sie sprechen = Präsens, – ich/er,es,sie konnte = Präteritum, – ich/er,es,sie hatte = Präteritum.

Aufgabe 4: -st = du willst, – ich/er,es,sie will, – er,es,sie/ihr lacht, – wir/sie,Sie wollen ,– ich lerne.

Test 06

Aufgabe 1: Er,es,sie bittet/bat//hat gebeten – versteht/verstand/hat verstanden – kann/konnte/hat gekonnt – zerschneidet/zerschnitt/hat zerschnitten – geht

...weg/ging.... weg/ist weggegangen – gibt/gab/hat gegeben – korrigiert/korrigierte/hat korrigiert – steht...auf/stand ... auf/ist aufgestanden – mietet/mietete/ hat gemietet – bereitet ...vor/bereitete ...vor/hat vorbereitet.

Aufgabe 2: Das Auge/die Augen – das Haus/die Häuser – die Region/die Regionen – die Zehn/die Zehnen – der Zahn/die Zähne - die Freundschaft/die Freundschaften – die Französin/die Französinnen – die Bäckerei/die Bäckereien – die Personalform/die Personalformen – das Adjektiv/die Adjektive.

Aufgabe 3: Dieser Koffer hat meinem Vater gehört. – Ich habe meiner Tochter eine Fahrkarte gekauft. – Mein Bruder hat mich erwartet. – Er hat mir ein interessantes Buch geschickt. – Meine Freunde haben meines Geburtstags gedacht. – Ich habe viele Glückwünsche erhalten. – Viele Leute haben mir gratuliert. – Sie hat dem Sänger zugehört.

Aufgabe 4: Er hat auf dem Stuhl gesessen. – Sie hat ihrem Vater einen Brief schreiben müssen. – Ich bin mit dem Bus in die Stadt gefahren. – Er hat seinen Vater mit dem Auto in die Stadt gefahren. – Sein Vater ist in der Stadt geblieben.

Test 07

Aufgabe 1: Er,es,sie betet/betete/hat gebetet – bittet/bat/hat gebeten – bietet...an/ bot...an/hat angeboten – badet/badete/hat gebadet – scha-

det/schadete/hat geschadet
legt…weg/legte…weg/hat weggelegt –
liegt/lag/hat gelegen -bezahlt/ bezahlte/hat bezahlt – streitet/stritt/hat gestritten.

Aufgabe 2: Er setzt sich auf **das** Bett. –In **der** Nacht will er in **die** Stadt fahren. –Ali kommt aus **dem** Iran –Gehst du zu **der** Universität? –Nach **dem** Unterricht fahre ich an **das** Meer. –Köln liegt südlich **der** Stadt Aachen. –Mein Freund hat außer **einem** Motorrad noch **ein** Auto. -Ich kaufe mir von **meinem** Freund **einen** Schrank.

Aufgabe 3a: Ich sitze auf **dem** Stuhl. – Er schreibt an **seinen** Vater. – Sie fährt mit **dem** Bus. – Wir freuen uns auf **die** Ferien. – Sie fährt zu **ihren** Eltern. – Die Schüler sitzen vor **dem** Lehrer. – Sie diskutieren mit **dem** Lehrer. – Ich fahre gegen **eine** Mauer.

Aufgabe 3b: Ich sitze darauf. – Er schreibt an ihn. – Sie fährt damit. – Wir freuen uns darauf. – Sie fährt zu ihnen. - Sie sitzen vor ihm. – Sie diskutieren mit ihm. – Ich fahre dagegen.

Aufgabe 4: Mein Freund ist am Bahnhof angekommen. – Ich habe ihn am Bahnhof erwartet. – Mein Freund hat an der Universität studieren wollen. - Wir haben in einem Café Kaffee getrunken. – Die Kellnerin hat uns den Kaffee gebracht. – Dann sind wir in meine Wohnung gegangen. - Ich habe meinem Freund die Stadt gezeigt. – Mein Freund hat an seine Eltern schreiben müssen.

Aufgabe 1: er,es,sie –ist/war/ist gewesen – entdeckt/entdeckte/hat entdeckt – geht …weg/ging…weg/ist weggegangen - bringt/brachte/hat gebracht - schläft. . ein/ schlief …ein/ist eingeschlafen – pfeift/pfiff/hat gepfiffen -verbrennt/verbrannte/hat verbrannt – leidet/litt/hat gelitten – analysiert/analysierte/hat analysiert – wird/wurde/ist geworden.

Aufgabe 2a: Dieser Koffer gehört dem Lehrer. – Ich verkaufe das Haus meiner Tochter. – Wir hören dem Vater zu. – Mein Bruder hilft seinem Freund. – Ich gratuliere meinem Freund. - Sie gedenkt ihrer Tante.

Aufgabe 2b. Dieser Koffer hat dem Lehrer gehört. – Ich habe das Haus meiner Tochter verkauft. – Wir haben dem Vater zugehört. – Mein Bruder hat seinem Freund geholfen. – Ich habe meinem Freund gratuliert. – Sie hat ihrer Tante gedacht.

Aufgabe 3a: Sie schließt sie. – Er hilft ihm. – Sie singen es ihm. – Er trägt sie ihr. – Sie lernen sie.

Aufgabe 3b: Sie hat sie geschlossen. – Er hat ihm geholfen. – Sie haben es ihm gesungen. – Er hat sie ihr getragen. – Sie haben sie gelernt. **Aufgabe 4a:** Meine Freundin singt, und meine Freundin tanzt. – Meine Freundin singt nicht nur, sondern sie tanzt auch. – Ich singe, oder ich tanze. –Ich fahre nicht in die Stadt, sondern ich lerne.

Aufgabe 4b: Meine Freundin singt und tanzt. – Meine Freundin singt nicht nur, sondern tanzt auch. – Ich singe oder tanze. – Ich fahre nicht in die Stadt, sondern lerne.

Test 09

Aufgabe 1: Er,es,sie bereitet…vor/bereitete…vor/hat vorbereitet , - korrigiert/ korrigierte /hat korrigiert – besucht/besuchte/hat besucht – will/wollte/hat gewollt – gefällt/gefiel/hat gefallen – reitet/ritt/ist geritten – fährt. . ab/fuhr…ab/ist abgefahren – kommt…an/kam…an/ist angekommen – erfindet/erfand/hat erfunden – fällt/fiel/ist gefallen.

Aufgabe 2: Die Wissenschaft/die Wissenschaften – die Krankheit/die Krankheiten – der Biologe/die Biologen – die Lösung/die Lösungen – die Möglichkeit/die Möglichkeiten – die Zwei/die Zweien – die Fleischerei/die Fleischereien – das Problem/die Probleme – die Nacht/die Nächte – der Pilot/die Piloten.

Aufgabe 3a: Warum hat der Lehrer die Fenster geöffnet? - Die Mutter hat dem Sohn das Geld geschickt. – Ich habe meiner Mutter geholfen. – Er hat meines Geburtstags gedacht. – Wir haben meiner Schwester ein Lied gesungen.

Aufgabe 3b: Ich frage, warum der Lehrer die Fenster geöffnet hat. – Ich frage, ob die Mutter dem Sohn das Geld geschickt hat. – Ich frage, ob ich meiner Schwester geholfen habe. – Ich frage, ob er meines Geburtstags gedacht hat. – Ich frage, ob wir meiner Schwester ein Lied gesungen haben.

Aufgabe 4: Mein Freund ist krank gewesen. – Er hat mir nicht die Tür geöffnet. – Deshalb habe ich zu seinen Eltern gehen müssen. – Aber die Eltern haben wegfahren wollen. – Ich bin also zu meinem kranken Freund zurückgegangen. – Ich habe ihn in das Krankenhaus gefahren.

Test 10

Aufgabe 1: Er,es,sie sitzt/saß/hat gesessen – wird/wurde/ist geworden – trifft/traf/hat getroffen – korrigiert/korrigierte/hat korrigiert – verspricht/versprach/ hat versprochen – steht...auf/stand...auf/ist aufgestanden – liest...vor/las...vor/hat vorgelesen – fällt/fiel/ist gefallen – zerfällt/zerfiel/ist zerfallen – verkauft/verkaufte/ hat verkauft.

Aufgabe 2a: Ich warte darauf. – Ich will mit ihm sprechen. – Ich frage ihn danach. – Ich bekomme es von ihm dafür.

Aufgabe 2b: Ich habe darauf gewartet. – Ich habe mit ihm sprechen wollen. – Ich habe ihn danach gefragt. – Ich habe es von ihm dafür bekommen.

Aufgabe 3: Wir haben Elektrizität in unseren Wohnungen, damit wir unsere Wohnungen beleuchten und wärmen können. – Ich höre Musik, ohne dass ich die Kompositionsregeln kenne. – In den Städten gibt es große Wasserwerke, damit die

Menschen genügend Wasser haben. – Nachdem wir das Wasser der Flüsse gereinigt haben, trinken wir das gereinigte Flusswasser . – Ich gehe zum Arzt, ohne dass ich krank bin.

Aufgabe 4: Heiße Quellen sind gut gegen Rheuma. – Kranke Menschen können in den Badehäusern in Aachen baden. –Ja, jedes Jahr kommen viele Menschen nach Aachen.

Test 11

Aufgabe 1: Er,es,sie -erzeugt/erzeugte/hat erzeugt – besteht/bestand/hat bestanden - gewinnt/gewann/hat gewonnen – pfeift/pfiff/hat gepfiffen -findet ...statt/fand...statt/ hat stattgefunden – ist/war/ist gewesen – beobachtet/ beobachtete/hat beobachtet – enthält/enthielt/ hat enthalten – hält/hielt/hat gehalten – erkennt/erkannte/hat erkannt.

Aufgabe 2: Früher zündeten die Menschen Petroleumlampen an, damit sie in ihrem Haus Licht hatten. – Weil vor einigen Jahren die Batterien nur schwachen Strom lieferten, hatten sie für den Antrieb von Maschinen zu wenig Energie. – Heute benutzt man die Atomkraft zur Energiegewinnung, ohne dass man an die Gefahren dieser Technik denkt. – Man muss für umweltfreundliche Energiequellen Reklame machen, damit die Industrie diese Energiequellen benutzt.

Aufgabe 3: Statt Wein zu trinken, trinkt mein Vater Tee. – Das Flusswasser reinigen wir in Reinigungsanlagen, um das Wasser gereinigt zu trinken. – Die Menschen benutzen die Atomkraft zur Energieerzeugung, ohne an die Gefahren dieser Technik zu denken. –Statt die Atomkraft zur Energie - erzeugung zu benutzen, benutzen viele Fabriken die Sonnenenergie.

Aufgabe 4: Unter dem Stadtzentrum von Aachen gibt es 11 heiße Quellen. – Das Wasser der Quellen ist 75 Grad Celsius heiß. – Das Wasser enthält Schwefel (SO2).

Test 12
___

Aufgabe 1: Er,es,sie erzeugt/erzeugte/hat erzeugt – verbrennt/verbrannte/hat verbrannt – wächst/wuchs/ist gewachsen – baut/baute/hat gebaut – kann/konnte/hat gekonnt - wird/wurde/ist geworden – gibt...aus/gab...aus/hat ausgegeben - erwärmt/erwärmte/hat erwärmt – kontrolliert/kontrollierte/hat kontrolliert – enthält/enthielt/ hat enthalten.

Aufgabe 2: Mein Vater hat ein neu**es** Auto. – Er fährt mit **dem** neuen Auto zu **der** klein**en** Stadt. – Es gibt in **der** klein**en** Stadt keine groß**en** Geschäfte. – Aber er kann frisch**es** Obst, frische Milch und frisch**es** Gemüse kaufen. – Sein alt**es** Auto hat mein Vater verkauft. **– Das** neue Auto gefällt mein**em** Vater gut.

Aufgabe 3: Wir haben Elektrizität in unseren Wohnungen, um unsere Wohnungen beleuchten zu können. – Ich höre Musik, ohne den Komponisten zu kennen. – Das Wasser der Flüsse reinigen wir, um das gereinigte Wasser zu trinken. – Mein Vater trinkt Bier, statt Wasser zu trinken. – Ich sehe mir die Ausstellung an, ohne jedoch großes Interesse zu haben. **Aufgabe 4a:** Ein Monat, in dem es nur wenig regnet, ist regenarm. – Ein Himmel ohne Wolken ist wolkenlos. – Ein Fluss mit viel Wasser ist wasserreich. – Eine Speise, die nichts kostet, ist kostenlos. **Aufgabe 4b:** kristallklar = klar wie Kristall, - himmelblau = blau wie der Himmel, - honigsüß = süß wie Honig, - grasgrün = grün wie Gras.

Test 13

Aufgabe 1: Er,es,sie -kennt/kannte/hat gekannt – öffnet/öffnete/hat geöffnet - hat/hatte/hat gehabt – erklärt/erklärte/hat erklärt – leidet/litt/hat gelitten – gibt…ab /gab…ab/hat abgegeben – heißt/hieß/hat geheißen – verspricht/versprach/hat versprochen - trägt…weg/trug…weg/hat weggetragen – entsteht/entstand/ist entstanden.

Aufgabe 2: Der Bus, dessen Türen noch geöffnet sind, fährt ab. – Das Flugzeug, in dessen Inneren es sehr warm ist, fliegt nach Rom. –Das Flugzeug, mit dem viele Passagiere fliegen, startet. – Die Stewardess serviert einigen Passagieren, denen der Tee nicht schmeckte, einen Cognac. – Der Tee war den Passagieren, deren Laune schlecht ist, zu kalt.

Aufgabe 3: Familie Grothe hat in ein**em** klei**nen** Dorf ein groß**es** Haus gebaut. – In dies**em** groß**en** Haus hat man ein**e** neu**e** Heizung installiert. – **Das** warm**e** Wasser in dies**er** neu**en** Heizung muss ein**e** hoh**e** Temperatur haben. – **Die** neu*e* Heizung arbeitet mit Öl. – Durch d**ie** vollständig**e** Verbrennung des Öls erwärmt man **das** kalte Wasser in **der** neu**en** Heizung.

Aufgabe 4: Nein, die Erde ist nicht der Mittelpunkt unseres Planetensystems. – Der Entdecker der Antwort auf diese Frage heißt Kopernikus. – Unser Sonnensystem hat 9 Planeten. – Ein Fixstern verändert seine Position nicht. Ein Planet bewegt sich ständig um sich selbst und um die Sonne. – Nein, die Erde ist kein Fixstern.

Test 14

Aufgabe 1: Er,es,sie bleibt/blieb/ist geblieben – muss/musste/hat gemusst – entsteht/entstand/ist entstanden – stellt…her/stellte…her/hat hergestellt -überquert/überquerte /hat überquert – konstruiert/konstruierte/hat konstruiert –verkauft/ verkaufte/hat verkauft – findet/fand/hat gefunden – gehört/gehörte/hat gehört – fährt…ab/fuhr…ab/ist abgefahren

Aufgabe 2: Je dunkler das Wasser des Sees ist, desto tiefer ist der See. – Je öfter wir diese Musik hören, desto besser gefällt uns diese Musik. – Ein je größeres Auto erfährt, desto mehr Geld muss er dafür bezahlen. – Je schneller der Bus fährt, desto größere Angst habe ich.

Aufgabe 3: Er schreibt einem jungen Afrikaner, der noch in Kamerun ist, einen Brief. –Der Brief enthält Informationen zum Studium in Deutschland, auf die der junge Mann in Kamerun schon lange gewartet hat. –Nach der Ankunft des Briefes lädt er seine Freunde ein, mit denen er die Informationen diskutieren will. –Für seine Freunde kauft der junge Mann einen Kuchen, auf dem viele Früchte liegen. –Der Kuchen mit den Früchten, deren Geschmack hervorragend war, schmeckt allen Freunden gut.

Aufgabe 4: Durch die Bewegung der Erde um die eigene Achse entstehen Tag und Nacht. – In 96 Stunden dreht sich die Erde vier Mal um die eigene Achse. – Der Weg der Erde um die Sonne dauert ein Jahr. – Durch die Bewegung der Erde um die Sonne entstehen die Jahreszeiten. – Ja, der Weg der Erde um die Sonne dauert länger als 10 Monate.

Test 15

Aufgabe 1: Er,es,sie öffnet/öffnete/hat geöffnet – verspricht/versprach/ hat versprochen – steht…auf/stand…auf/ist aufgestanden – ist/war/ist gewesen –pfeift/pfiff/hat gepfiffen – geht…weg/ging…weg/ ist weggegangen - bezahlt/bezahlte/hat bezahlt – leidet/litt/hat gelitten – darf/durfte/hat gedurft – korrigiert/ korrigierte/hat korrigiert.

Aufgabe 2a: Der Bus fährt ab, ohne Fahrgäste zu haben. – Statt zu starten, wird das Flugzeug überprüft. – Im Sommer kommen viele Menschen ins Schwimmbad, um hier zu schwimmen.

Aufgabe 2b: Weil die Täler der Eifel eng sind, konnte man nur schmale Straßen bauen. – Obwohl die Stadt Monschau 430 m hoch liegt, fahre ich mit dem Fahrrad nach Monschau. – Statt dass man den Plan einer Treppe realisierte, baute man einen Tunnel.

Aufgabe 3: Der tropische Regenwald wird zerstört. –Viele Bäume des Regenwaldes sind schon abgebrannt worden. –Die Atmosphäre wird von den Kohlenstoffgasen der Feuer erwärmt. – Das Holz des Regenwaldes ist von den Industrieländern gekauft worden. –Die Zerstörung des Regenwaldes muss von der Menschheit verhindert werden. –Der tropische Regenwald darf nicht zerstört werden.

Aufgabe 4: Otto Hahn, den das Uran sehr interessierte, untersuchte mehrere Elemente. – Viele Länder haben Atombomben, von denen eine tödliche Gefahr für die Menschheit ausgeht. – Heute benutzen wir die Energien Wind und Wasser, die umweltfreundlich sind. – Zu den neuen Energien gehört auch die Sonnenenergie, deren Benutzung ebenfalls umweltfreundlich ist. – Früher gewann man Energie aus Gas, dessen Kraft aber gering war.

Aufgabe 5: Die Wasserquellen haben sauber**es** und klar**es** Wasser. - Die schmutzig**en** Straßen der

Stadt brauchen sauber**es** Wasser, denn mit dem gefährlich**en** Schmutz kommen tödlich**e** Krankheiten. – Das sauber**e** Wasser aus den nah**en** Bergen konnte man jedoch **ohne** Gefahren trinken. – Um schnell zu **den** Bergen zu kommen, baute man ein**e** groß**e** Straße und ein**en** lang**en** Kanal. – Der lang**e** Kanal bestand aus dick**en** Steinen.

Aufgabe 6: Die Erde bekommt von der Sonne Licht und Wärme. – Ohne die Sonne wird es nachts manchmal sehr kalt. –Nein, das Wasser in unseren Flüssen friert nachts nicht. –Die Atmosphäre schützt die Erde vor der Kälte.

Test 16

Aufgabe 1: Er,sie,es stellt… her/stellte… her/hat hergestellt – findet/fand/hat gefunden – leidet/litt/hat gelitten – verspricht/versprach/hat versprochen – wird/wurde/ist geworden – kontrolliert/kontrollierte/hat kontrolliert –ist/war/ist gewesen -enthält/ enthielt/hat enthalten – liest. . vor/las…vor/hat vorgelesen – trifft/traf/hat getroffen.

Aufgabe 2: Von Henri Becquerel wurde 1896 beim Uran eine interessante Entdeckung gemacht. - Das Uran ist dann im Jahre 1898 vom Ehepaar Curie untersucht worden. –Von dem Uran werden radioaktive Strahlen ausgesendet. – Von den radioaktiven Strahlen kann Materie durchquert werden. – Neue Energiequellen müssen heute von uns gefunden werden.

Aufgabe 3a: Die Schüler antworten, wenn der Lehrer sie fragt. –Als sie krank war, ist sie zum Arzt gegangen. –Unser Sohn hat immer Musik gehört, wenn wir schlafen wollten.

Aufgabe 3b: Je schneller ich renne, desto durstiger werde ich. –Je größeren Durst ich habe, desto mehr Wasser trinke ich. –Je wichtiger die Prüfung ist, desto nervöser ist die Studentin.

Aufgabe 4: Lange Kanäle bringen das Wasser, das für uns Menschen sehr wichtig ist, in die Städte. –Durch lange Rohre, für die sogar Brücken gebaut werden, transportiert man das Wasser in die Städte. –Die Probleme der Wasserversorgung, deren Methoden wir deshalb häufig ändern müssen, sind nicht einfach zu lösen. –In sehr heißen Gegenden der Erde sammelt man das Wasser, für das in gemäßigten Klimazonen Staudämme gebaut werden, in Zisternen.

Aufgabe 5: Die Wasserquellen hätten außerhalb der Stadt gelegen. Dort habe es noch genug Wasser gegeben, das sauber und gesund gewesen sei. Die schmutzigen Straßen der Stadt habe man täglich reinigen müssen, aber das Wasser aus den Bergen habe man ohne Reinigung trinken können. Deshalb hätten die Stadtbewohner lange Kanäle zu den Quellen gebaut.